Fulbert Steffensky · Feier des Lebens

Fulbert Steffensky

Feier des Lebens

Spiritualität im Alltag

Kreuz Verlag

Dieses Buch ist auch als Hörbuch erschienen.
Blinde können es kostenlos entleihen bei der

Deutschen Blindenstudienanstalt
– Emil-Krückmann-Bücherei –
Liebigstr. 9

3550 Marburg   Telefon: 06421/67053

oder bei der

Deutschen Blinden-Hörbücherei
Am Schlag 2a

3550 Marburg   Telefon: 06421/606261

4. Auflage (11.–12. Tausend) 1988
© Kreuz Verlag Stuttgart 1984
Satz: Typobauer Filmsatz GmbH, Ostfildern
Druck und Bindung: May & Co., Darmstadt
Gestaltung: HF Ottmann
ISBN 3 7831 0733 4

Inhalt

Einleitung
Lob der Zweisprachigkeit
7

1. Tradition
Zeugen unserer Hoffnung
15

2. Verfremdung
Suche nach der Stärke der Geschwister
29

3. Kommunität
Gemeinsame Entzifferung der Welt
41

4. Deutung
Stummheit am Beispiel Krankheit
51

5. Einverständnis
Sich den Tod wünschen
63

6. Gesten
Sprache der unaussprechlichen Wünsche
73

7. Gottesdienst
Poesie ohne Zwecke
91

8. Liberalität
Verbrüderung mit den Fremden
103

9. Umkehr
Unterbrechung der glatten Abläufe
113

10. Gesetzesverletzung
Ausbruch aus dem Gefängnis
123

11. Identität
Luthers Befreiung von sich selbst
135

12. Frömmigkeit
Mit versehrtem Glauben leben
149

Einleitung

Lob der Zweisprachigkeit

*Eines will ich nicht mehr entbehren: zweisprachig zu sein.
Ich finde es schön, nicht mehr
definiert zu sein durch die Sprache und
durch die Tradition nur einer Konfession.
Ich habe noch einen zweiten Blickwinkel. Zwar heißt das,
daß ich weniger Heimat habe,
als wenn ich nur in einer Sprache und Tradition geblieben wäre.
Aber ich bin auch weniger gefangen in dem Haus,
in dem ich gerade lebe.
Und diese Freiheit lasse ich mir etwas kosten.*

Im Alter von 36 Jahren bin ich vom Katholizismus zum Protestantismus konvertiert. Vorher war ich fast 13 Jahre in einem Benediktinerkloster. Ist ein solcher Schritt möglich und sinnvoll? Kann man sich, wenn man so spät auszieht, noch eine neue Heimat erwerben? Wohlgemerkt: Es geht nicht um die Frage, ob man in einem vorgerückten Lebensalter noch neue Einsichten haben und neue Wahrheiten lernen kann. Diese Fähigkeit, so hoffe ich, kann man sich bis ins hohe Alter bewahren. Aber darum ging es bei dieser Konversion nicht. Sie bedeutete für mich nicht mehr, als in eine andere Organisationsform überzuwechseln, und vor allem: einen anderen Arbeitsplatz zu wählen. Während meines Theologiestudiums hatte ich mich mehr von Karl Barth als von Thomas von Aquin ernährt, und in einem evangelischen Gottesdienst zum Abendmahl zu gehen hatte mir noch nie Schwierigkeiten gemacht. Heute gehe ich ebenso gerne (und mit dem gleichen Zwiespalt) in eine katholische Messe wie in einen protestantischen Gottesdienst. Das Gefühl für die Wichtigkeit des theologischen Unterschiedes zwischen den Konfessionen habe ich schon lange verloren. Es gibt wichtigere Sachen im Leben, als die Unfehlbarkeit des Papstes zu bekämpfen. Und es gibt eine andere Art, sie zu überwinden, als den ausdrücklichen Kampf gegen sie: sie nämlich einfach nicht ernst zu nehmen. Da bin ich mir mit vielen katholischen Freunden und Kollegen einig. Was mich einfach ärgert, ist, daß ich mich während der Zeit als katholischer Theologe so lange mit unwichtigen Fragen abgegeben habe und für zu geringe Ziele gekämpft habe. Es ärgert mich, und ich finde meine katholischen Freunde beleidigt, wenn sie heute noch verteidigen müssen, daß auch Mädchen, und nicht nur Jungen Meßdiener sein können. Macht hat viele Möglichkeiten, Menschen zu demütigen, auch die, sie in zu kleine Fragen zu verwickeln.

Also war die Konversion ein leichter Schritt für mich? Ja, sie war es, sie hat mich nichts gekostet. Ich habe sie mit einigem Humor überstanden, und ich habe mich gewundert, wenn jemand sie ernst nahm. Aber man ist noch kein Amerikaner, indem man nach Amerika fährt; und man ist noch kein Protestant dadurch, daß man zum Protestantismus konvertiert.

Katholisch sein heißt nicht, dem römischen System anzugehören; sondern es heißt, in einer sehr dichten, ausdrücklichen und vielfach markierten Lebenslandschaft zu Hause zu sein. Dies will ich erklären. Meine Kindheit lebte ich in Räumen und Zeiten, die voll waren von Gesten der Selbstdeutung und Selbstbeheimatung. Es wurde kein Laib Brot angeschnitten, ohne daß er vorher gesegnet wurde. Die Kinder bekamen ihr Kreuzzeichen auf die Stirn, ehe sie zur Schule gingen. Geweihte Kerzen wurden während eines Gewitters aufgestellt. Das Vieh wurde gesegnet, die Blumen, der Wein. Die Häuser wurden am Anfang des Jahres gesegnet. Das Alltägliche und das Außergewöhnliche, das Glück und das Unglück hatten ihren Spruch, ihre Kerze, ihren Heiligen. Es gab Prozessionen und Wallfahrten. Es gab Bittgänge bei zu nassem und bei zu trockenem Wetter. Und es gab vor allem den Rosenkranz, das ergreifende und monotone Seufzergebet der armen und sprachlosen Leute. Religion war Alltagssache, nicht eine Angelegenheit ausgesparter Sonntagszeiten.

Vielleicht fällt es auf: Als Sprüche der Selbstbeheimatung nenne ich nicht die offiziellen Texte der römischen Liturgie und nicht die Predigten im Gottesdienst. Die Predigten waren meistens unbedeutend. Sie waren kurz, und es gab die von allen als Erleichterung empfundene Zeit der »Predigtferien«, im Sommer etwa, wenn der Pfarrer nur die Messe las und die Predigt ausließ. Die offizielle Liturgie war sowieso in lateinischer Sprache und störte die Menschen nicht weiter. Während der Priester seinen lateinischen Text las, während er »nosterte«, wie wir sagten (wohl abgeleitet von Pater Noster), betete das Volk den Rosenkranz, sang seine Lieder und sprach seine eigenen Gebete. So hatte ein Gottesdienst oft zwei Liturgien, die offizielle des einsamen Priesters am Altar und die tatsächliche des Volkes.

Natürlich gab es da viel Kitsch. Die Sprache des Volkes ist eben nicht so sauber wie die Sprache der Theologen. Aber sie hat den Vorteil, Ausdruck des Volkes zu sein und nicht eine von oben diktierte Sprache. Diesen Unterschied zwischen ernsthaftem Ausdruck des Volkes und Priestersprache erlebte ich einmal in dem Wallfahrtsort Vierzehnheiligen. Ich erlebte, wie eine Gruppe von Wallfahrern mit ihren Kreuzen und Fahnen den Berg hinaufzog. Die Leute beteten den Rosenkranz. Sie hatten vermutlich einen weiten Weg hinter sich. Es war heiß, und vielleicht hatten sie Hunger und Durst. Ich habe mich gefragt, welche Sorgen und welche Wünsche die Männer und Frauen veranlaßt hatten, einen so weiten Weg zu machen. Ich fand es ergreifend, daß Menschen in der Zeit der Autobusse und der rasch überwundenen Distanzen gehen, nachdenken, ihre Lieder singen, ihre Wünsche bedenken. Oben wurden sie vom Wallfahrtspater empfangen, einem munteren Mönch wie aus dem Bilderbuch. Er hielt eine kurze Ansprache, flott und witzig und widerwärtig, die die Ernsthaftigkeit der Menschen an keinem Punkt respektierte. Nach einem eiligen Segen verschwand er wieder in seiner Sakristei.

Noch einmal die Frage: Kann man vom Katholizismus weggehen? Von diesem Mönch und seiner Religion wegzugehen bedeutet keine Schwierigkeit. Mit ihm habe ich nichts zu tun. Aber aus einem Lebensraum wegzugehen, in dem die Nöte und Wünsche noch eine Sprache, einen Tanz, eine Geste haben, das kann man nicht ohne Schmerzen. Das muß man mit Heimweh bezahlen und dem Gefühl, in dem neuen Land nicht völlig zu Hause zu sein.

Aber so muß ich mich fragen: Warum schlage ich so wenig Wurzeln in dem neuen Land, in der neuen Konfession? Trauere ich meiner Kindheit nach und will ich mich darum nicht verwurzeln, oder gibt es zu wenig Erde, um sich einzuwurzeln? Von Auswanderern wird berichtet, daß sie sich manchmal ein Säckchen Erde aus der alten Heimat mitnehmen. Je besser die Erde dort ist und je mehr sie sich davon mitnehmen, desto schwerer fällt es ihnen, den Boden des neuen Landes zu schätzen; desto stärker bleibt die Erinnerung und die Verklärung der eigenen Herkunft. Ich fürchte, aus dem Katholizismus habe ich mir zu viel

Erde mitgenommen. Sicher hat es ein Konvertit leichter, wenn sein Bruch möglichst radikal ist und wenn er in einem großen Feuer verbrennt, was er vorher angebetet hat. Aber das will ich nicht. Ich möchte nicht mein ganzes Leben uminterpretieren müssen. Ich möchte nicht von einem Teil dieses Lebens sagen, daß es falsch oder ungenügend oder abwegig war. Das scheint mir ein zu hoher Preis für meine neue Identität.

Es ist ja keineswegs so, daß ich völlig ohne Heimat in der neuen Konfession bin. Das Wichtigste, was ich brauche, habe ich: eine Anzahl Menschen, die ich liebe, mit denen ich leben und arbeiten, mit denen ich die wichtigsten Ziele meines Lebens verfolgen kann. Ich habe noch etwas anderes gefunden, was mir sehr vertraut ist: die protestantischen Choräle. Und ich habe eine größere Klarheit und Eindeutigkeit in der Theologie gefunden. Vielleicht würde ich mich selber als einen protestantischen Theologen und als einen katholischen Christen bezeichnen.

Ich vermisse im Protestantismus das Volk. Es ist eine Kirche der Theologen, und so empfinde ich diese Kirche als klerikaler als den Katholizismus. Bösartig ausgedrückt: Der Protestantismus besteht aus seinen Theologen und seiner eigenen Verwaltung. Die Gesten, die Bilder, die Frömmigkeit des Volkes haben dort weniger Platz als im Katholizismus. Protestantismus ist eher eine gedachte als eine gelebte Religion.

Eines will ich nicht mehr entbehren: zweisprachig zu sein. Ich finde es schön, nicht mehr definiert zu sein durch die Sprache und durch die Tradition nur einer Konfession. Ich habe noch einen zweiten Blickwinkel. Zwar heißt das, daß ich weniger Heimat habe, als wenn ich nur in einer Sprache und Tradition geblieben wäre. Aber ich bin auch weniger gefangen in dem Haus, in dem ich gerade lebe. Und diese Freiheit lasse ich mir etwas kosten.

Manchmal besuchen mich Menschen, die sich überlegen zu konvertieren – vom Protestantismus zum Katholizismus oder vom Katholizismus zum Protestantismus. Wenn sie äußere und nicht in der Sache liegende Gründe dazu haben, etwa wenn ein Protestant einen katholischen

Partner heiraten will oder wenn ein Katholik Schwierigkeiten mit Rom oder seinem Bischof hat, dann weiß ich dagegen nichts zu sagen. Konversion als Ortswechsel – sozusagen als ein Umzug von München nach Berlin – scheint mir möglich, wenn auch manchmal schmerzlich. Haben sie innere Gründe, etwa der Art, daß einer in der neuen Konfession den »wahren Glauben« vermutet, den er der alten abspricht, dann habe ich meine Bedenken. Dann vermute ich eine falsche Fragestellung. Ich glaube einfach nicht, daß wir in dieser Welt noch Zeit haben, uns besonders um die Grenzen der Konfessionen zu kümmern. Die sogenannten kirchentrennenden Fragen sind die Fragen der Bischöfe und der theologischen Spezialisten. Es sind nicht die Fragen des Volkes.

Der Konfessionswechsel hat mir lange Zeit meine Themen diktiert. Einige Kapitel dieses Buches sind meist in vorläufigen Fassungen, in den letzten Jahren schon in Zeitungen und Zeitschriften erschienen. Diese Themen kehren in vorliegendem Buch wieder als Versuch, das Verhältnis zu den eigenen Traditionen zu bestimmen, in den Überlegungen zum Gottesdienst und in dem Interesse an dem Zusammenhang von Subjekt und Kommunität. Diese Themen sind mir aber nicht wichtig als Punkte einer evangelisch-katholischen Kontroverse. Meine Frage an die verschiedenen Ausprägungen und Traditionen des Christentums ist, welche Möglichkeiten in ihnen enthalten sind, daß Menschen in Würde und Stärke leben. Ich lebe in einer Großstadt, in der das Christentum für die meisten Menschen keine Rolle mehr spielt. Christ zu sein wird weder belohnt noch bestraft. Es ist einfach gleichgültig, was einer denkt und wie er sich versteht. Ich sehe nicht, daß an die Stelle des Christentums andere zusammenhängende Deutungen und Ermutigungen des Lebens getreten sind. Das heißt, es gibt für die Grundfragen des Lebens keine allgemeine Sprache und kein allgemeines Bewußtsein. Es ist einfach nichts da, und jeder ist allein. Kaum jemand leidet an dieser existentiellen Sprachlosigkeit, zumindest nicht bewußt und nicht direkt. Die meisten haben sich damit abgefunden, daß es keine Zusammenhänge mehr gibt. Was heißt das für das Christentum? Wird es einfach einen sanften Tod der Unerheblichkeit sterben? Oder kann es, wenn es sich reinigt und seine eigentlichen Themen findet, noch einmal einen würdigen Sprachversuch in einer sprachlosen Zeit bedeuten? Unter welchen Bedingungen kann man der Banalität des Verstummens entfliehen? Das ist die andere Frage dieses Buches.

Ich gehe nicht davon aus, daß es einmal ein goldenes christliches Zeitalter gegeben hat, in das man zurückkehren kann oder das als Ganzes ein Modell für uns heute lebende Menschen sein kann. Aber mit diesem Christentum haben Menschen fast 2000 Jahre ihre Erfahrungen gemacht. Ihr Leben war nicht nur Korruption. Einiges ist gelungen. Unter welchen Bedingungen und mit welchen Instrumenten haben Menschen erreicht, was gelungen ist? Wie sind sie mit ihrem Leben fertig geworden? Dies möchte ich von meinen eigenen Traditionen wissen. In der Zeit des angehäuften Wissens und der geringen Weisheit möchte ich fragen: Was können wir lernen?

1. Tradition

Zeugen unserer Hoffnung

*Wir erinnern uns an das, was wir brauchen.
Dadurch werden wir vor versklavendem Traditionalismus bewahrt:
Das Vergangene gilt nicht,
weil es war und weil alles Gewesene heilig ist.
Wir haben bestimmte Interessen.
Wir suchen uns Verbündete und Zeugen für unsere Wünsche.
Nicht die Tradition vereinnahmt uns,
sondern wir vereinnahmen die Tradition.*

Als unsere jüngste Tochter drei oder vier Jahre alt war, habe ich ihr häufig Geschichten erzählt, die an kleine Szenen ihrer Vergangenheit anknüpften und in denen sie als Heldin vorkam; etwa nach dem Muster: Es war ein kleines Mädchen, es hieß Mirjam, es hatte einmal große Angst, als es einen mächtigen Hund sah... Wir hatten damals eine amerikanische Freundin zu Besuch, die Psychoanalytikerin war. Sie sagte: Deine Geschichten sind ganz schön. Aber sie werden für deine Tochter noch wichtiger, wenn das kleine Mädchen der Geschichten nicht Mirjam heißt (also nicht den tatsächlichen Namen unserer Tochter hat). Was sie sagen wollte, war folgendes: Das Erzählen der Vergangenheit ist wichtig für einen Menschen. Es befreit ihn aus der Versklavung des Augenblicks und aus dem Wahn des Nur-Jetzt. Es läßt den Menschen eine der wichtigsten pädagogischen Dimensionen erfahren, nämlich die der Zeit. Ich habe eine Zeit, ich war vorher, ich werde später sein. In der Dimension der Zeit wird der Mensch sich selbst vergleichbar, kann er sich überschauen, ist er nicht mehr der Tyrannei der eigenen Augenblicklichkeit unterworfen. Aber die Analytikerin sagte auch: Du mußt von dem Kind unter einem fremden Namen erzählen. Du mußt das Kind in die Geschichten einer anderen verkleiden. Du darfst das Kind nicht zu narzißtisch und nicht zu schutzlos machen, indem du es immer unmittelbar und direkt benennst. Das Subjekt kann nur bei sich sein, wenn ihm auch Verfremdung, Uneigentliches und damit Distanz zu sich selbst gelassen wird. Sich erzählen zu können und sich in der Fremde zu finden, sich in den fremden Geschichten zu entdecken, das ist nicht nur eine Fähigkeit und eine Notwendigkeit einer bestimmten Entwicklungsphase. Sich zu identifizieren in dem, was war, die eigene Herkunft zu verstehen, das ist eine grundsätzliche Notwendigkeit, solange man dabei ist, das Leben zu erlernen.

Die Geschichten, die wir brauchen, sind aber nicht nur unsere eigenen Biographien. Wir sind ja keine absoluten Subjekte, monadisch abgeschlossene Individuen. Wir haben Väter und Mütter, wir gehören zu einer Gruppe, wir gehören einer Zeit und einem Land an, wir haben Traditionen. Horizontal gesehen: wir haben Brüder und Schwestern. Vertikal gesehen: wir haben Väter und Mütter, wir haben Tote. Das erscheint zunächst als eine Demütigung des Subjektes: nicht allein es selbst zu sein, sondern abhängig zu sein vom Kollektiv, das Ich der anderen in sich zu tragen. In Wirklichkeit ist es ein Reichtum, die Geschichte der anderen mit sich zu tragen und von ihr zu leben. Es ist ein Reichtum, nicht alle Träume selbst träumen zu müssen, nicht alle Niederlagen selbst einstecken zu müssen und an den Siegen der anderen teilhaben zu können. Die Verleugnung des Kollektivs, die narzißtische Absolutheit des Ich ist eine der größten Zerstörungen, die dem Subjekt angetan werden und die es sich selber antut. Allein und einzigartig sein zu wollen, etwas Besonderes sein zu wollen, sich von den Massen der Vergangenheit und der Gegenwart trennen zu wollen ist ein zerstörerischer Separatismus. Zwar ist der individualistische Wunsch, nur sich selbst haben zu wollen und nur man selbst sein zu wollen, verständlich. Wenn eine Gesellschaft so konstruiert ist, daß das Subjekt ein Nichts ist, am Arbeitsplatz etwa – dort höchstens als Arbeitskraft zählt; und wenn eine Gesellschaft so konstruiert ist, daß man keine Lücke hinterläßt, wenn man aus ihr ausscheidet, dann ist man so damit beschäftigt, sich seine Einmaligkeit zu erkaufen und zu besorgen, daß alles um uns und alles vor uns – übrigens damit auch alles nach uns – unwichtig wird. Wer so um seine Einmaligkeit besorgt ist, der kann weder an die Toten noch an die Ungeborenen denken. Die Vergangenheit vergessen heißt dann auch: die Zukunft vergessen. Die beiden großen Bedrohungen der Zukunft unserer Kinder, der Rüstungswahn und der Atomwahn, haben sicherlich auch mit der Unfähigkeit zu tun, vom Kollektiv aus zu denken.

    Wir sehen heute an vielen Stellen, wie Menschen sich ihre Geschichte zurückerobern, indem sie auf der Spur ihrer Familien sind. Ein amerikanischer Freund hat in seinem Arbeitszimmer eine große Landkarte hängen, auf der der Treck seiner Vorfahren von der Ostküste zum Westen genau festgehalten ist. Die Familiensagas im Fernsehen sind beliebt. »Roots«, die amerikanische Fernsehserie der Geschichte einer schwarzen Familie, war wohl nicht vor allem deswegen ein Erfolg, weil dort die Verbrechen gegen die amerikanischen Neger beschrieben und aufgearbeitet wurden, sondern weil die Geschichte einer *Familie* aufgezeigt wurde. Sich in seiner familialen Vergangenheit aufzuspüren ist nicht unwichtig. Aber es ist eine private Sinnsuche. An ihr kann keine allgemeine Sprache und kein allgemeines Bewußtsein entstehen.

Das Christentum in seinen besten Traditionen sucht sich nicht im Blut, sondern im Geist. Es will Wahlheimat und nicht Blutheimat. Nicht die biologische Familie ist das Interessante, sondern die geistige. Für einen Christen werden darum Franz von Assisi und Hildegard von Bingen immer wichtiger sein als die eigenen Urgroßeltern. Die Sinnsuche bleibt nicht mehr privat: Hildegard von Bingen und Franz – diese Urgroßeltern sind allen gemeinsam. Über sie können sich alle verständigen. An ihnen können sich alle, die sich Christen nennen, schärfen in ihren Wünschen, in ihren Träumen, im Bewußtsein davon, was sein soll und was heraufgeführt werden soll. Sich den Erinnerungen der eigenen Gruppe zu stellen, weder ihre Siege noch ihre Niederlagen zu vergessen, das schafft ein Stück kollektiven Bewußtseins und kollektiver Verständigung gegen die zunehmende Privatisierung von Sprache und Bewußtsein. Wir wählen also Franz von Assisi und verständigen uns über ihn, weil wir die Geschichte des Geistes und nicht nur Naturgeschichte brauchen.

Warum aber wählen wir uns Franz aus dem großen historischen Steinbruch der christlichen Geschichte? Warum nicht Innozenz III., den Papst seiner Zeit? Vielleicht war dessen Einfluß viel folgenschwerer in der Geschichte; auf jeden Fall aber hatte er mehr Macht. Wenn wir uns selber aufsuchen in unserer Geschichte, wenn wir zu bestimmen versuchen, wer wir sind, indem wir bestimmen, woher wir kommen, dann betreiben wir auch immer Geschichtsfälschung, Geschichtsklitterung. Wir suchen nicht alles aus, wir rechnen uns nicht zu allem, was es in der christlichen Tradition gegeben hat. Wir sind »wilde Exegeten«, indem wir die Geschichte nicht wie ein Sklavenjoch übernehmen, sondern die Geschichte, die Tradition, unsere Herkunft auch konstruieren. Dasselbe machen wir auch mit der Bibel: Wir wählen Amos oder die Bergpredigt, und nicht das, was Paulus über die Frauen gesagt hat. *Wir erinnern uns an das, was wir brauchen.* Dadurch werden wir vor versklavendem Traditionalismus bewahrt: Das Vergangene gilt nicht, weil es war und weil alles Gewesene heilig ist. Wir haben bestimmte Interessen. Wir wünschen, daß auf eine bestimmte Weise über den Menschen gedacht wird. Wir wünschen, daß der Mensch als groß, schön und des Reichtums seiner Fähigkeiten gewiß erachtet wird. Wir wünschen, daß es keinen Krieg gibt, daß Herrschaft zerbrochen wird, daß Zärtlichkeit mehr gilt als Gewalt. Und wir suchen in der Geschichte unserer Gruppe, wo es das schon einmal gegeben hat. Wir suchen uns Verbündete und Zeugen für unsere Wünsche. Indem wir Verbündete wie Franz finden, werden unsere Wünsche schärfer, wird die Kritik an uns selbst energischer, die Hoffnung auf die Realisierung unserer Wünsche größer. Nicht die Tradition vereinnahmt *uns*, sondern wir vereinnahmen die Tradition.

Wilde Exegese der Geschichte ist nun keine historische Fiktion, Geschichte wird nicht zum selbstkonstruierten Wahngebilde. Denn Franziskus hat es ja gegeben, Hildegard von Bingen und Thomas Münzer haben ja gelebt. Wir verteilen die Gewichte nur anders, bringen Interessen ein und versuchen, uns wiederzuerkennen in dem, was war, daß wir gestärkt werden für das, was kommen soll.

Aber was wollen wir von Franziskus wirklich? Können wir Handlungsmodelle für heute von ihm übernehmen? Kaum oder nur sehr beschränkt. Sollen wir seine Appelle als moralische Postulate übernehmen? Ja, das auch. Aber mir scheint das nicht das Wichtigste. Ich möchte zwei Begriffe zusammenbringen: Schönheit und Kampf; Poesie und Widerstand; Trost und Aktivität. Das Leben braucht Schönheit, der Kampf braucht Poesie und Frechheit, wenn er nicht selber wieder martialisch und unmenschlich werden soll. Es ist nicht nur erbauend, die Konsequenz des Franz zu überlegen. Er ist nicht nur ein moralisches Vorbild. Ich finde es einfach schön, daß einem Menschen der Tradition, zu der ich mich bekenne und die ich als meine Heimat angenommen habe, das Leben so gelungen ist. Weil ich mich einreihe in diese Tradition, versichert mich Franz darin, daß das Leben möglich ist. Das ist keine selbstverständliche Tatsache. Der Tod und die Unmöglichkeit des Lebens scheinen jeweils die besseren Argumente und schärferen Waffen zu haben. Es stärkt meine Hoffnung und meine Zuversicht, ich kann *jetzt lachen* – nicht erst in 500 Jahren, wenn die Revolution gelungen ist –, wenn ich lese, wie er die hohle Gravität der Macht gefoppt und demaskiert hat. Ich gebe mir selber ein Gesicht und eine Gestalt, wenn ich mich zu dieser Tradition bekenne und Franziskus zu meinem Bruder erklären kann. Ich gewinne an Leben und Existenz. Ich werde reicher und nicht nur moralischer. Ich lerne, die Schönheit und den Glanz der Wahrheit zu sehen und sie zu lieben; und ich beuge mich nicht nur ihrer Härte und ihren Forderungen. Die Erinnerung an Gelungenes ist das, wovon wir *jetzt* leben. Und wir wollen *jetzt* leben und das Leben nicht verschieben. Ich eigne mir meine Existenz an, indem ich in der Erinnerung an gelungenes Leben den Vorschein des gelingenden Lebens wahrnehme.

Diese Überlegungen möchte ich konkretisieren an Franz von Assisi, dessen sich die Christen, die an der Erhaltung der Welt arbeiten, heute neu erinnern. Die Geschichten, die über ihn erzählt werden, sollen uns selber sagen, ob sie wert sind, überliefert zu werden, und ob sie unseren Lebensmut stärken. Der nun folgende Teil ist also eine Probe auf die Haltbarkeit des ersten mehr theoretischen Abschnitts.

Im Laufe der Geschichte haben die Kirchen vorrangig zwei Arten entwickelt, mit ihren Radikalen umzugehen: sie auszustoßen oder sie zu domestizieren. Ausgestoßen (und damit nach geltendem Reichsrecht verfolgt, getötet, ihres Eigentums beraubt) wurden die Katharer, die Waldenser, die Radikalen nach Joachim von Fiori. Seines

Stachels beraubt, kirchlich geglättet, in seinen Träumen zerstückelt wurde Franziskus von Assisi. Die radikalen Geschichten über Franz, die Thomas von Celano überliefert hat, durften nicht weitererzählt werden. Seine Biographie wurde verboten. Statt dessen wurde eine gereinigte Fassung der Vita des Franz, von Bonaventura geschrieben, kirchlich approbiert und zur offiziellen Biographie erklärt. Darin ist Franz nun ein sanfter Naturfreund mit einigen Schrullen, der die Armut über alles liebt. Es wird nicht mehr gesagt, gegen wen seine Geschichten erzählt werden und zu wessen Gunsten. Dem Volk wird ein harmloser Heiliger gezeigt. Aber ist das Franz?

Ich will anfangen mit einer Geschichte über einen der ersten Genossen von Franz, den Bruder Wacholder, von dem Franz sagt, er wünsche sich einen ganzen Wald solcher Wacholderbäume. Bruder Wacholder sollte in der Weihnachtszeit auf die Kirche aufpassen. Sie war für Weihnachten festlich geschmückt. Da kam eine arme Frau und bettelte um Almosen. Da er kein Geld hatte, räumte er den Altarschmuck ab und schenkte ihn der Frau. Dem empörten Sakristan antwortete er: »Ärgere dich nicht über den Tand. Ich habe den Schmuck einer armen Frau geschenkt, die ihn gut gebrauchen kann. Hier war er ohnehin zu nichts nütze!« Der Generalobere, der von der Geschichte hörte, wurde zornig, hielt Wacholder eine Strafpredigt, schrie immer lauter und wurde schließlich heiser. Bruder Wacholder hörte seinem Geschrei kaum zu. Erst als der Obere vor Heiserkeit nicht mehr weiterreden konnte, wurde er aufmerksam, ging weg und erbettelte sich im Dorf eine Schüssel Mehlsuppe. Er brachte sie dem Oberen und sagte: »Als ihr mich ausgeschimpft habt, Vater, wurde eure Stimme wegen der großen Anstrengung ganz heiser. Ich habe ein Mittel dagegen gefunden und euch diese Suppe bereiten lassen. Wenn ihr sie eßt, wird sie euch Brust und Kehle befreien.« Der Obere ärgerte sich und merkte, daß er verspottet wurde, und wollte die Suppe nicht essen. Darauf Bruder Wacholder: »Vater, wenn du schon die Suppe nicht essen willst, halte mir die Kerze! Ich will sie dann selber aufessen.«

Wir haben hier zwei Motive, die in den Franz-Geschichten immer wieder vorkommen: zum einen die Kritik an Autoritäten und Herrschaft und zum anderen das Motiv der Profanisierung von Sakralität. Das Heilige wird verfügbar für den Menschen. Die Frau kann den Altarschmuck verkaufen und davon Brot kaufen. Es wird berichtet, daß einmal eine alte Frau zu den Brüdern kam und um Unterstützung bat. Die Brüder hatten aber nichts mehr, was sie ihr geben konnten, außer dem einzigen Neuen Testament in der Kapelle. Franz sprach: »Gebt der Frau das Neue Testament, damit sie es verkaufen kann! Steht nicht in diesem Buch, daß wir den Armen zu Hilfe kommen sollen? Ich glaube, daß Gott mehr Freude haben wird, wenn wir das Buch verschenken, als wenn wir daraus lesen.«

Nichts ist in sich heilig. Nichts bleibt unberührbar und unverfügbar, wenn einer in Not ist. Das Fasten kann gebrochen werden, der Altarschmuck kann verkauft werden, das Neue Testament kann verschenkt werden. Der Mensch wird zum Herrn des Sabbats. Alles wird geheiligt durch den sinnvollen Gebrauch.

Franziskus der Narr, der Pazzo, ist kein gutmütiger Einfaltspinsel. Er inszeniert das, was eigentlich gelten soll: Er inszeniert Zärtlichkeit, Verbundenheit, Niederhauen der Grenzen. In einer beherrschten Welt können diese Zeichen von Herrschaftsverzicht und Übereinstimmung mit dem Leben, mit der Natur und mit den Menschen nur als Narreteien wahrgenommen werden. Eine weitere Narrengeschichte: Franziskus ist in Rom bei Kardinälen zum Essen eingeladen. Vor dem Essen erbettelt er Almosen: einen halben Fisch, einen Kanten Brot, halbfaules Obst. Er erscheint damit vor der reichen Tafel der Kardinäle und bietet diesen seine Reste an. Er dramatisiert damit das Urteil über die alte verfallene Welt und inszeniert eine neue Welt.

Wir erinnern uns noch einmal an die spöttische Geschichte vom Oberen, der sich heiser geschrien hatte. Wacholder sagte: »Halte mir die Kerze, ich will die Suppe selber essen.« Dazu eine andere Franzgeschichte: Franziskus ist in Rom. Ein Kardinal bittet ihn, bei ihm zu wohnen. Da es schlechtes Wetter ist und unangenehm zu wandern, nimmt er die Gastfreundschaft an. Der Kardinal bringt ihn in einem großen und bequemen Turmzimmer unter. Aber nachts plagen Franz die Dämonen. Er zittert am ganzen Körper wie im Fieber. »Kann es sein«, fragt er, »daß Gott mir seine Schergen geschickt hat, weil ich die Gastfreundschaft eines Kardinals angenommen habe?« Die Gastfreundschaft eines Kirchenfürsten anzunehmen, sich mit den Mächtigen einzulassen, das heißt schon, dem Bereich der Dämonen zu verfallen. Es gibt bei allen franziskanischen Bewegungen ein selbstverständliches Mißtrauen gegen jede Form der Herrschaft: gegen kirchliche Obere, gegen Kardinäle und Päpste, gegen Fürsten und gegen die Reichen. Von ihnen ist nichts zu erwarten außer Beleidigung und Ausnutzung des Volkes. Sie können sich nur bekehren. Als Franz einmal vor dem Papst predigen soll, kann er sich an seine vorbereitete Rede nicht mehr erinnern. Er schlägt sein Gebetbuch auf und stößt auf das Psalmwort: »Immerfort ist vor mir meine Schmach, Schamröte bedeckt mein Gesicht.« Und so spricht er gegen den Hochmut der Prälaten.

Von diesen seinen anarchistischen Interessen her ist auch sein Verhältnis zur Armut zu sehen. Franz vermählt sich mit der Edlen Frau Armut. Wir kennen dieses Bild. Aber Franz wird domestiziert, wenn verschwiegen wird, gegen wen er arm sein will und zu wessen Gunsten. Franz will keine ziellose und sich selbst genießende Askese. Er hat Interessen, und er fürchtet Besitz, weil dieser korrumpiert. Dies erzählt uns eine der schönsten Franzgeschichten: Ein Novize wollte unbedingt ein Psalterium für sich allein haben und bat Franz immer wieder darum. Franz antwortete ihm: »Wenn du erst einmal ein Psalterium besitzt, dann wirst du auch bald auf dem Katheter sitzen wie ein gelehrter Mann, und dann dauert es nicht mehr lange und du sagst zu einem deiner Genossen: Bruder, komm her und reiche mir das Psalterium.« Besitz wird abgelehnt, weil er die Geschwisterlichkeit der Gruppe zerstört. Besitz korrumpiert. Man hat nur, was man dringend braucht.

Reichtum schafft Überordnung und Unterordnung, schafft Herrschaft, schafft Grenzen; schafft Krieg, weil diese Grenzen verteidigt werden müssen. Zu dem Bischof von Assisi hat Franz einmal gesagt: »Wenn wir etwas besitzen wollen, dann müssen wir auch Waffen zu unserer Verteidigung haben. Daher kommen ja die Streitigkeiten und Kämpfe alle. Aus diesem Grunde wollen wir nichts besitzen.«

Einssein, Partizipation, Solidarität, Kampf gegen alles Trennende, gegen alles Zerspaltende und Aufteilende bestimmen das Leben Franzens und seiner Gruppe. Es geht ihm nicht nur um die Einheit von Mensch und Mensch. Es geht ebenso um die Einheit von Mensch und Natur. Der Mensch ist nicht Besitzer der Natur, auch nicht nur der Verwalter eines toten Materials; er ist nach Franz Bruder und Schwester der Natur. Die franziskanische mystische Partizipation kennt keine Grenzen. Franz kann die Natur nicht mit abschätzendem Auge betrachten, mit dem Auge des Verwerters, mit dem Auge des Kalkulierers. Die belebte und unbelebte Natur spricht, sie lobt Gott; Franz spricht mit ihr. Wenn Franz auf die Versöhnung von allem aus ist, dann muß er auch die Versöhnung des Menschen mit der Natur wollen. Es kann keinen Teilfrieden geben, von dem die Natur ausgeschlossen ist.

In der folgenden Geschichte ist diese Versöhnung mit der Natur inszeniert. Inszeniert sage ich, weil Franz ein großer Theaterspieler war. Versöhnung hat er nicht nur gepredigt, er hat sie gespielt, er hat sie in Szene gesetzt. Einmal saß Franz nahe am Feuer. Da fingen etwas oberhalb der Knie seine leinenen Hosen an zu brennen. Ein Bruder wollte sie löschen. Aber Franz ließ dies nicht zu, weil er Bruder Feuer nicht kränken wollte. Sein Genosse lief zum Oberen. Er löschte das Feuer. Diese Geschichte gibt es in einigen Variationen. So brannte seine Hütte einmal, und Franz wollte später eine Hose nicht mehr anziehen, die man gerettet hatte, weil man sie Bruder Feuer weggenommen hatte. Das Feuer ist Bruder, das Wasser ist Schwester. Das Wasser soll man, wenn man es ausschüttet, so schütten, daß man nicht darauf tritt und damit Schwester Wasser beleidigt. Nichts ist hier nur verwendbares Material. Alles hat Bedeutung. Nach Franz kann der Mensch nicht mit Eroberermentalität der Natur gegenübertreten.

Versöhnung des Menschen mit sich selbst, Versöhnung des Menschen mit seiner eigenen Gattung, Versöhnung des Menschen mit der Natur und dem Kosmos – das ist der Inhalt dieser Geschichten. Es kann nicht das eine ohne das andere geben. Die Mentalität des Jägers, des Erlegers, des Beutemachers ist eine unteilbare. Man kann nicht versöhnt sein mit sich selbst und mit seiner Gattung und gleichzeitig großer Jagdherr der Natur gegenüber sein. Man kann nicht zugleich Freund sein und brutaler Benutzer. Der Kampf gegen Herrschaft, gegen Krieg und Aufrüstung, gegen Unterdrückung des Menschen durch den Menschen und der Kampf gegen die Zerstörung der Natur ist ein einziger. Man kann für das Leben nur als ganzes eintreten, weil das Leben unteilbar ist. Wir kämpfen an allen Fronten, oder wir kämpfen einen falschen Kampf. Die eigentliche franziskanische Geste ist die der Umarmung. Er umarmt alle: die aussätzigen Bettler, die mit ihm kämpfenden Brüder, den Wolf, die Bäume. Das ist die nichts auslassende Erotik des Franziskus. Er liebt das Leben. Was er denkt, betet und tut ist ein Plädoyer für das Leben und Widerstand gegen Tod und Verwesung.

Ich möchte hier an eines erinnern, was uns von Franz berichtet wird: an seine Schutzlosigkeit, an seine Verletzbarkeit, an seine Leidensfähigkeit. Von ihm wird berichtet, daß er öfters nackt auf den Marktplätzen gepredigt hat. Ungepanzert und treffbar ist der, der sich nicht vom Leben trennt. Die das Leben lieben, werden der Lächerlichkeit und der Schutzlosigkeit nicht entkommen. Martin Luther Kings Aufruf, die Busse zu bestreiken, wirkte lächerlich. Bäumchen in Gorleben zu pflanzen ist lächerlich angesichts der Buldozzer, die schon bereitstehen, die Erde aufzureißen. Ich meine nicht, daß man diese Lächerlichkeit lieben soll. Aber man soll sie in Kauf nehmen. Abrüsten – in einem tiefen Sinn –, sich verwundbar machen, das wirkt lächerlich. Von Franz wird erzählt, daß er im

Jahre 1229 die Wundmale Christi empfing: »Auf einmal begannen an seinen Händen und Füßen die Wundmale Christi sichtbar zu werden. Hände und Füße schienen in der Mitte von Nägeln durchbohrt. An der Innenfläche der Hände und an der oberen Seite der Füße erschienen die Spuren der Nagelköpfe und auf der anderen Seite die Spitzen. Ebenso waren den Füßen die Spuren der Nägel eingeprägt und ragten über das umgebende Fleisch empor. Die rechte Seite seines Körpers war wie von einem Lanzenstich durchbohrt und wies eine Wunde auf, und öfter floß Blut aus ihr, so daß die Kutte und die Unterhose mehr als einmal blutig davon wurde.« Es gibt einen blöden und wahrnehmungsunfähigen Rationalismus, der solche Geschichten nur verlachen kann. Diese Geschichte ist aber nicht wegzudenken aus der Vita des Franz. Gezeichnet sein vom Leben ist das Merkmal der Lebendigen. Leiden können ist das Merkmal der Leidenschaftlichen. Man kann sich gegen das Leben panzern und sichern, dann wird man von seinen Wundmalen verschont; aber man verschont sich damit auch vor dem Leben selbst. Die Hingabe an das Leben hat ihren Preis: die Narben, die Wundmale.

Ich möchte eine letzte Geschichte von Franz erzählen: die Geschichte seiner Liebe zu Klara. Und ich möchte Franz zunächst verdeutlichen an einer erotischen Gegenfigur: an Don Juan. Dieser jagt die Frauen, notiert die Beute; erinnert sich eher an das Land, in dem er sie erlegt hat, als an ihre Gesichter (wir denken an die Listenarie in der Mozartoper). Alle haben zu können, »omnipotent zu sein« ist ihm Garantie gegen das Sterben. Hier gibt es kein Einverständnis mit dem Leben. Es gibt Subjekt und Objekt, Jäger und Beute, Killer und Erlegtes. Es gibt für Don Juan wie für die Buldozzer in Gorleben verwertbares Material. Dagegen Zärtlichkeit, Vereinigung, Herrschaftsfreiheit bei Franz! Er legt Klara seine Ideen vor, er schickt ihr seine Regel zur Begutachtung und Bearbeitung. Sie lernt von ihm, er lernt von ihr. Sie lieben sich in unendlicher Sanftheit. Eine der Geschichten über Franz und Klara: Eines Tages wanderten Franz und Klara von Spello nach Assisi in großer Unruhe des Herzens. Die Leute schauten sie nämlich boshaft an, sie flüsterten über sie, und sie mußten versteckte Anspielungen und Witze hinnehmen. So gingen sie schweigend dahin. Es war kalt und das Land ringsum mit Schnee bedeckt. Franz sagte: »Hast du verstanden, was die Leute ringsum über uns sagen?« Klara gab keine Antwort. Ihr Herz war wie von Zangen zusammengepreßt. Sie weinte. »Es ist Zeit, daß wir uns trennen«, sagte Franz schließlich. Da warf sich Klara mitten auf dem Weg in die Knie. Nach einer Weile erst hatte sie sich gefaßt, stand auf und ging mit gesenktem Kopf weiter, Franz hinter sich zurücklassend. Der Weg führte durch einen Wald. Auf einmal aber hatte sie nicht mehr die Kraft, so ohne Trost und Hoffnung, ohne einen Abschied von ihm zu gehen. Sie wartete. »Wann werden wir uns wiedersehen?« fragte sie. »Im Sommer, wenn die Rosen blühen.« Da geschah etwas Wunderbares. Es war ihnen, als blühten im Schnee und an den reifbedeckten Sträuchern eine Unzahl von Rosen. Klara pflückte einen Strauß und legte ihn Franz in die Hände. Von diesem Tage an waren Franz und Klara nie mehr getrennt.

2. Verfremdung

Suche nach der Stärke der Geschwister

*Ein Gesicht bekommt ein Mensch, nicht indem er sich
im Spiegel betrachtet, sondern indem er
auf etwas sieht, etwas wahrnimmt, von etwas gebannt ist,
was außerhalb seiner selbst ist.
So lernt ein Mensch, sich von außen zu verstehen:
von der Kraft seiner Mütter und Väter her,
von der Kraft seiner Brüder und Schwestern.
Der Glaube, der Mut, die Hoffnung bauen sich von außen.*

Vor kurzem traf ich einen Studenten, den ich gut kenne und den ich eine ganze Zeit nicht in Seminaren gesehen hatte. Auf meine Frage, was er denn treibe, hat er mir geantwortet: »Ich setze jetzt zwei Semester aus. Ich habe unheimlich viele Möglichkeiten in mir entdeckt. Ich will einfach ein Jahr mit mir experimentieren. Ich will meine Beziehungen aufarbeiten. Ich werde das Korsett meiner Erziehung und meiner Konventionen loswerden. Ich werde einfach probieren, was in mir drin ist, und ich werde alles realisieren, was ich an Möglichkeiten in mir entdecke. Der objektive Studienbetrieb verhindert, mich ehrlich zu mir selbst zu verhalten. Ich kann doch nicht pünktlich jeden Morgen um neun Uhr in die Uni gehen, wenn in mir so vieles noch unausprobiert ist.«

Ich will diesen Studenten nicht moralisch angreifen, ihm nicht sagen: Die Gesellschaft arbeitet für dich. Die Arbeit der anderen garantiert dir deinen Studienplatz, und du hast Pflichten diesen anderen gegenüber. Solange eine Gesellschaft überflüssige Güter produziert, wie es unsere tut, und solange sie in einem solchen Maße Waffen produziert, so lange wird es nur schwer möglich sein, einen jungen Menschen bei seinem Verantwortungsgefühl zu packen.

Aber ich habe große Bedenken gegen die rousseauistischen Grundannahmen, die dieser Mensch von sich selbst hat. Diese Annahmen sind folgende: »In mir ist so viel angelegt. Der Zwang der Umwelt verhindert seine Entfaltung. Ich will mich zu einem Isolat machen, ich will mir selbst ein kleines warmes Treibhaus konzedieren, ich will mich freihalten von den Verfremdungen und den Erkältungen des Draußen, dann wächst und blüht schon alles. Meine Möglichkeit bin ich selbst und ich allein. Die anderen sind meine Störung. Echt und wahrhaftig bin ich, wo ich mit mir allein bin. Ich bin für meine eigene unverwechselbare Wahrheit verantwortlich, und diese finde ich, wenn ich mich suche. Ich bin ein Original und verantwortlich für meine Originalität.«

Diese Grundannahmen sind teils falsch, teils überheblich, teils eine Überanstrengung des Subjekts. Falsch ist der Satz: »Ich bin ein Original.« Wir alle sind Abschriften. Wir sind meistenteils das, was unsere Väter und Mütter, unsere Lehrer, die Umstände, in denen wir leben, in das Buch unseres Lebens geschrieben haben. Wir sind zum großen Teil das Museum unserer Vorfahren. Und nicht mehr als sich selber verwirklichen wollen könnte ihnen ihr spätes Recht geben. Sich selber verwirklichen – ist das mehr als unsere tautologische Wiederholung und eine Serie von Selbstzitaten? Neues Land ist es jedenfalls nicht.

Die reine Wiederholung fixiert unseren Abschriftcharakter mehr als alles andere. Wir dürfen nicht erstaunt sein, wenn wir kein Gold finden, wenn wir in uns selber graben; auch kein Wasser, von dem man leben kann. Aber wer einmal angefangen hat zu graben, hört so leicht nicht auf. Er läßt sich nicht entmutigen dadurch, daß er nur alte Knochen findet. Im Goldrausch gräbt man weiter, und das Graben an sich wird zum Goldersatz. Daß man die »Erleuchtung« nicht bei sich selber suchen kann, drückt folgende Zen-Geschichte aus, die ich in dem Buch »Dialektische Meditation«, herausgegeben von Rainer Kranich, gefunden habe:

Als Meister Ma-dsu die Erleuchtung noch nicht erlangt hatte, bemühte er sich im Kloster des Huai-jang, der Meditation hingegeben, um die Wahrheit. Tag um Tag verbrachte er schweigend, in Meditationshaltung auf dem Boden hockend und fand doch nichts. Eines Tages aber fragte ihn Huai-jang: »Sag doch, was hockst du da die ganze Zeit?« – »Ich will zum Buddha werden«, erwiderte Ma-dsu. Da nahm Huai-jang einen Ziegelstein vom Boden und begann ihn an der Wand zu zerreiben. Ma-dsu fragte erstaunt: »Was macht ihr da?« Huai-jang sagte: »Ich will den Ziegel so lange glattreiben, bis ein klarer Spiegel daraus wird.« Erstaunt und etwas verwirrt fragte Ma-dsu: »Wie kann denn durch Reiben aus einem Ziegelstein ein Spiegel werden?« Da fragte Huai-jang zurück: »Und wie kann durch Hocken aus dir ein Buddha werden?« In diesem Augenblick erfuhr Ma-dsu die Erleuchtung.

Wie alt muß man denn werden, um zu erkennen, daß die Beschäftigung mit sich selbst, die Verwirklichung seiner selbst nichts abwirft, wovon man leben kann? Man müßte eine alte Tugend erlernen: die Demut. Sie ist das realistische Eingeständnis, daß wir für uns allein kein spannendes Programm sind.

Falsch ist der Satz: »Ich finde mich, wenn ich mich suche.« Der Satz ist nicht nur deswegen falsch, weil es in uns allein nur Kärgliches zu finden gibt. Dem Subjekt sind bei der Realisierung seiner selbst keine geraden Wege möglich. Es findet sich auf den Umwegen. Es gibt Ziele, die man verfehlt, indem man sie unmittelbar anstrebt. Wenn ich einen Bogen schieße, so denke ich nicht an mich, an meine Muskeln, die sich spannen, an die Kraft, die es mich kostet. Ich überlege nicht, ob ich ein guter oder ein schlechter Schütze bin. Ich bin außer mir, ich bin Bogen und Pfeil und Ziel. Und nur in dieser Art Selbstvergessenheit werde ich ein guter Schütze.

Ein Gesicht bekommt ein Mensch, nicht indem er sich im Spiegel betrachtet, sondern indem er auf etwas sieht, etwas wahrnimmt, von etwas gebannt ist, was außerhalb seiner selbst ist; wenn er für etwas arbeiten und leben lernt. Unser Gesicht liegt draußen bei den Zielen, die wir verfolgen. Ernst Bloch überliefert eine Anekdote über den französischen Maler Monet. Als an seinem achtzigsten Geburtstag ein Kameramann zu ihm aus Paris kam, antwortete ihm der Maler: »Kommen Sie im nächsten Frühjahr und photographieren Sie meine Blumen im Garten, die sehen mir ähnlicher als ich.« Es gibt kein Nacheinander von sich selbst finden und sich selbst verwirklichen einerseits und die Welt finden und an ihr arbeiten andererseits. Härter sagt es die Bibel: »Wer sein Leben liebt, wird es verlieren.«

Falsch ist der Satz und eine Überanstrengung: »Ich bin für meine unverwechselbare Wahrheit verantwortlich.« Allein kann ich für überhaupt nichts verantwortlich sein, weder für meine Wahrheit noch für die Wahrheit der Welt. Auch hier ist jede vorsätzliche Eigentlichkeit fatal und langweilig. Ich brauche kein mich isolierendes Treibhaus zur Findung meiner Wahrheit. Ich brauche Brüder und Schwestern und Väter und Mütter und Lehrer und

Lehrerinnen und Bücher und Theorien und Geschichten, mit denen ich aushandele, was die Wahrheit ist und was die Wahrheit verlangt. »Meine Wahrheit«, »meine Bedürfnisse« – das ist ja meist nur meine langweilige Faktizität, die ich – abgefunden mit mir selbst – zu meiner Wahrheit hochstilisiert habe. Und warum sollte meine eigene Authentizität so wichtig sein? Passen mir denn nur die Kleider, die ich mir selbst genäht habe, und schmeckt nur das Brot, das ich selbst gebacken habe? Welche Verachtung der Toten ist das und welche Vernachlässigung ihrer Sprache und ihrer Gesten, ihrer Träume und ihrer Ansprüche an das Leben!

In einer Zeitung finde ich folgende Bierreklame: »Für ein Herforder (Bier) lassen wir nur einen einzigen Maßstab gelten: unseren eigenen!« Ich blättere weiter im Reklameteil dieser Zeitung, und überall wird mir diktiert, daß, wenn ich Mensch sein will, ich das Echte, das Unverwechselbare, das Unvergleichliche, das Besondere, das Individuelle, das Außergewöhnliche, das Einzigartige, das Exklusive, das Spezielle lieben, suchen und anstreben muß. Es scheint, daß Authentizität längst schon wieder diktierte Identität ist und sich damit selbst überholt hat. Man könnte es paradox formulieren: Es entspricht erwartetem Verhalten, sich nicht an erwartetem Verhalten zu orientieren. Es entspricht erwarteten Vorstellungen, sich nicht an erwarteten Vorstellungen zu orientieren. Ich unglückseliger Mensch, wer rettet meine Originalität, wenn ich auf der Suche nach ihr auf der Bewußtseinsstufe der Bierindustrie lande?

Einen anderen Einwand habe ich gegen die so beschriebene Originalitätssucht. Sie hat insgeheim eine separatistische Tendenz. Der Student, der sich selber verwirklichen will, setzt zwei Semester aus. Er trennt sich von den anderen Studierenden, von ihrer täglichen Mühe; von den Zielen, die sie verfolgen; von den politischen Kämpfen. Er verfolgt allein sich, nicht mehr die Ziele, die allen gemeinsam sind. Was ich bin, was das »Spezielle« an mir ist, bleibt unbenannt. Die Spezialität besteht hauptsächlich darin, getrennt von den anderen zu sein und erhoben über sie. Das ist natürlich nichts Neues. Das bürgerliche Ich hat sich immer schon als separiertes verstanden. Masse, Straße, Volk waren immer schon diskreditierte Begriffe.

Ich möchte einen Text zitieren, der in extremer Weise jedem Versuch der ausschließlichen Selbstrealisierung widerspricht. Es ist die erste Frage und Antwort aus dem Heidelberger Katechismus: »Was ist dein einiger Trost im Leben und im Sterben? Daß ich mit Leib und Seele beides, im Leben und im Sterben, nicht mir, sondern meines getreuen Heilandes Jesu Christ eigen bin, der mit seinem teuren Blut für alle meine Sünden vollkömmlich bezahlet und mich aus aller Gewalt des Teufels erlöset hat und also bewahret, daß ohne den Willen meines Vaters im Himmel kein Haar von meinem Haupt kann fallen, ja auch mir alles zu meiner Seligkeit dienen muß.«

Alt und mir fern sind Sprache und Bilder des Textes. Ich sage nicht »einiger Trost« und »vollkömmlich bezahlet«. Auch muß ich mir erst übersetzen, was es heißt, daß Christus »mich aus aller Gewalt des Teufels erlöset hat und also bewahret, daß ohne den Willen meines Vaters im Himmel kein Haar von meinem Haupt kann fallen«. Wertvoll ist mir die Sprache, obwohl es nicht meine ist, weil in ihrer Gestalt so viele Menschen vor mir ihre Ängste gebannt, ihre Leiden formuliert und ihre Sehnsucht geäußert haben. Die alte Sprache verbindet mich mit den unabgegoltenen Sehnsüchten und den immer noch nicht erfüllten Träumen der Toten.

Gerade die alte und mir nicht eigentliche Gestalt der Sprache hilft mir im Glauben. Sie formuliert mich dahin, wo ich noch nicht bin. Wenn ich mein Leben nur in meiner eigenen Wahrheit formuliere, wenn ich bei meinen eigenen »nackten Tatsachen« bleibe, dann komme ich kaum zu der Aussage, daß kein Haar sinnlos von meinem Haupt fällt, daß die Teufel vertrieben sind und daß alles zu meiner Seligkeit dient.

Der Text macht mich eindeutiger, als ich je von mir aus sein könnte. Mein Glaube wird »produziert« durch den Text, einmal im ursprünglichen Sinn des Wortes: Er führt mich dahin, wo ich noch nicht bin; zum anderen im gebräuchlichen Sinn des Wortes: Mein Glaube an das Leben wird von außen erstellt, durch den Glauben all derer, die diese Formel für ihre Hoffnung gefunden und vor mir gesprochen haben. Der Glaube der Toten wird zu meiner Maske in meiner eigenen Glaubenslosigkeit.

Dies muß natürlich der ablehnen, dem Selbsterstellung ein absolutes Gebot ist und dem die eigene Redlichkeit über alles geht. Nur, kann man mit der eigenen dürftigen Redlichkeit leben? Wenn ich die alte, die mir uneigentliche Sprache des Glaubens spreche, dann sind mir zwei Gestalten erlaubt: Dann bin ich einmal der Zweifler und Skeptiker, der sein Leben und seine Brüchigkeit kennt und der nur »die Worte der Väter« spricht, der also mit einer fremden Stimme spricht, die ihm auch ein Stück Distanz zu der formulierten Sache erlaubt. Ich bin aber auch der, der in die Worte der Väter und Mütter hineinzukriechen versucht mit seinem mühseligen Glauben; ich bin der Ungläubige, der sich die Maske des Glaubens vorbindet und so allerdings wirklich im eigenen Glauben ein Stück vorankommt. Dies ist ein Stück Befreiung und Entlastung von der eigenen magersüchtigen Redlichkeit. Ich bin nicht mehr für alles verantwortlich, nicht einmal völlig verantwortlich für eine so persönliche Sache, wie der eigene Glaube es ist. Ihn verantworte ich mit den vielen, die ihn vor mir versucht haben und die ihn mit mir versuchen.

Ich frage mich, ob es für diese Überlegungen nicht zu früh ist, ob das nicht einfach Wasser auf die Mühlen aller Traditionalisten ist. Sind wir schon so weit weg vom Bann und vom Joch unserer Traditionen, daß wir uns ihnen wieder so unbekümmert und erwartungsvoll zuwenden können? Seit vielen Jahrzehnten kämpfen Männer und Frauen in der Kirche für die Unabhängigkeit des Subjekts; für sein Recht, selbst zu denken und sich selbst die Regeln des Verhaltens und der Frömmigkeit zu geben. Sie kämpfen für das Recht, sich selbst zu erfahren, selbst zu entscheiden, selbst zu verantworten und das Leben nicht durch von außen verhängte Zwangsanweisungen und Zwangsrituale ersticken zu lassen. Wir haben gelernt, Ich zu sagen. Wir haben es gelernt, unsere eigenen Lebensentwürfe zu versuchen, uns selbst ernst zu nehmen und uns nicht nur als Kopien unserer Traditionen zu verstehen. Diese Arbeit ist noch nicht abgeschlossen. Aber ich bezweifle, daß der Kampf gegen die Fremdbestimmung durch verhängte Traditionen in Zukunft unser Hauptkampf sein wird. Wir haben den Kampf der Jugend gekämpft, die sich von der Übermacht der Väter und Mütter trennen mußte. Und wir sind einsam darüber geworden. Niemand befiehlt uns mehr, wie wir uns verhalten sollen, welche Regeln wir unserem Leben geben sollen. Fast alles an Verhalten ist möglich geworden. Niemand zwingt uns mehr, zumindest nicht im kirchlichen Raum. Politische und gesellschaftliche Zwänge gibt es allerdings genug. Wir sind unser eigener Herr geworden. Aber kann man der Herr und Meister seines eigenen Lebens und der eigenen Hoffnung sein? Man ist sich selbst nicht genug. Das ist die harte Lehre, die wir aus unserem notwendigen Kampf ziehen mußten. Wir müssen es wieder lernen, uns von außen zu verstehen, nicht nur von uns selbst her.

Ich habe kürzlich in einer Examensarbeit ein Gedicht gefunden, daß jemand als die höchste Stufe der Selbstbefreiung zitierte:

fühlen was ich bin
denken was ich fühle
schreiben was ich denke
sagen was ich schreibe
tun was ich sage
sein was ich werde

Was mir so schwer fällt bei diesem Gedicht, ist die Bescheidenheit des Autors, die Zufriedenheit mit sich selbst und mit dem, was er selbst hat: fühlen, was ich bin; denken, was ich fühle; schreiben, was ich denke! Das Gedicht setzt voraus, daß, wenn die feindlichen Mächte von außen überwunden sind, mein eigener Reichtum schon zum Vorschein kommt und die eigenen Blumen blühen.

Erwachsenwerden und Altwerden heißt sich eingestehen können, daß man selbst und aus sich heraus nicht so viel hat, wovon man sich ernähren kann. Die Hoffnung, die wir aus uns selbst schöpfen, ist zu gering. Der Mut, den wir allein aufbringen, reicht nicht. Die Träume unseres eigenen Herzens sind zu banal und kurzfristig. Wir sind Bettler. Wir können uns nicht allein ernähren, trösten und ermutigen.

Das Eingeständnis der Kärglichkeit des Subjektes ist schmerzlich, und es ist eine Erleichterung. Der zentrale christliche Satz ist, daß wir unser Leben nicht selbst rechtfertigen müssen. Keine Schwäche, keine Kärglichkeit und keine Armut verdammt dieses Leben. Das heißt aus der Gnade leben. Ich brauche es nicht mit mir allein zu versuchen. Ich brauche mich nicht mit meiner eigenen Armut zufriedenzugeben. Das ist der Satz, der mich am meisten erleichtert. Wir können ernten, was wir nicht gesät haben. Wir können uns Sätze des Mutes sagen, die wir uns nicht selber ausgedacht haben.

Die Sätze des Mutes treten uns entgegen. Nehmen wir an, es liest jemand regelmäßig die Tageslosung. Die Losung des Tages, an dem ich dies schreibe, heißt: »Vernichten wird er den Tod auf ewig.« Nehmen wir an, ein Leser dieser Losung kann vor Trauer kaum aus den Augen sehen. Nehmen wir an, er kommt mit seiner Arbeit nicht zurecht. Nehmen wir an, er liest gerade in einer Zeitung, daß in der Bundesrepublik zehntausend Tonnen Nervengas in einsatzbereiten Artilleriegranaten lagern. Vielleicht ist von seinem eigenen und dem allgemeinen Unglück die Kraft seiner Hoffnung verbraucht. Nun tritt ihm dieses fremde Wort entgegen: »Vernichten wird er den Tod auf ewig!« Der Mensch hat sich dieses Wort nicht ausgesucht. Es paßt nicht zu seiner Situation. Die würde ihm höchstens einen Klagepsalm erlauben. Das Wort formuliert ihn nicht in seiner Hoffnungslosigkeit, es tritt ihm entgegen. Formuliert sähe er sich in einer Klage. Das Wort tritt ihm wie eine fremde Sprache entgegen. Vielleicht spricht es der Leser nach, wie man einen Satz in einer Fremdsprache spricht, zögernd und kaum verstehend. Vielleicht kann er das Wort gar nicht glauben, weil nichts ihm Anlaß gibt, es zu verstehen und zu glauben. Dieses Wort, das er sich nicht selbst ausgesucht hat, bewirkt etwas sehr Wichtiges: Es widerspricht seinen Vermutungen. Es stört das Vorwissen, das er von sich und der Welt hat. Es bringt den Leser in Zwiespalt mit sich selbst. Es verhindert die Abgefundenheit mit dem, was er immer schon wußte. Er gerät in Distanz zu sich selbst. Der Hoffnungslosigkeit ist ein Bein gestellt. Sie stolpert oder geht zumindest nicht mehr so sicher. Nicht daß der Sprecher der Fremdsprache den Satz schon glaubt. Aber indem er ihn spricht, stört der Satz seinen Unglauben. Und vielleicht heißt glauben oft nichts anderes, als sich im Unglauben stören zu lassen. Drückt das oben zitierte Gedicht eine höchste Übereinstimmung mit sich selbst aus – »fühlen, was ich bin« –, so wächst die Hoffnung dessen, der die Losung liest, dadurch, daß die Übereinstimmung mit sich selbst und dem eigenen Fatalismus gestört wird. So lernt ein Mensch, sich von außen zu verstehen: von der Kraft seiner Väter und Mütter her, die vor ihm und vielleicht mit einer radikaleren Hoffnung diesen Satz gesprochen haben; von der Kraft seiner Brüder und Schwestern, die neben ihm vielleicht mit mehr Mut diesen Satz sprechen. Der Glaube, der Mut, die Hoffnung bauen sich von außen. Wir brauchen nicht für alles einzustehen, was wir sagen.

Die eigene Einsamkeit verlassen, sich verankern in den Hoffnungen der Vielen, das heißt nicht nur: darauf hören, was die Traditionen des Christentums gesagt haben (bei dem Beispiel der Losung: die Hoffnung auf die Vernichtung des Todes gegen die reale Erfahrung der Hoffnungslosigkeit). Es heißt auch, darauf hören dürfen, wie unsere Väter und Mütter ihre Hoffnungen und ihren Glauben gestaltet haben, welche Konturen sie ihrem Glauben gegeben haben. Solche alten Gestalten des Glaubens und Instrumente der Hoffnung waren etwa die tägliche Schriftlesung, die Beichte, die Gewissenserforschung, die Einteilungen des Tages in Gebete, die regelmäßigen Exerzitien, die erwähnte tägliche Losung, der regelmäßige Gottesdienst, die Bräuche des Glaubens. Wir können den alten

Glaubenskonturen, den Instrumenten der Spiritualität mit einer neuen, positiven Vermutung gegenübertreten. Wir können vermuten, daß ernsthafte und radikale Menschen ernsthafte Gestaltungen ihres Lebens gefunden haben. Und wir können überlegen, was für uns von diesen Lebensweisheiten brauchbar ist und was wir übernehmen können. Diese Lebensweisheiten sind keine eisernen Gesetze mehr. Eisernen Gesetzen gegenüber ist die Haltung des Gesetzesbruchs, der Verwerfung erst einmal nötig. Fassen wir die Weisheiten der Alten aber als Lebensangebote auf, dann können wir vielleicht etwas erben. Es ist nicht sicher. Vielleicht werden sich einzelne Instrumente doch eher als Werkzeuge der Unterdrückung statt als Werkzeuge der Befreiung erweisen. Wir können prüfen!

Wir haben in den letzten zwanzig Jahren sehr gründlich aufgeräumt mit den versklavenden Formen unserer Traditionen. Das war unumgänglich. Man kann nicht bauen, ohne abzuräumen. Aber nun ist es auch Zeit, neu zu bauen und neu zu komponieren. Alles, was man wirklich will, worauf man wirklich hofft und woran man mit seinem Herzen glaubt, braucht seine Gestalt. Das Christentum gibt es nicht als reine Idee, als abstrakte Hochschätzung bestimmter Gedanken. Unsere großen Wünsche brauchen Einübungen, Aufführungen, Inszenierungen, Verleiblichungen und Versinnlichungen. Ich kann mich nur selbst erkennen in dem, was ich glaube und hoffe, wenn ich meinem Glauben und meinen Hoffnungen eine Gestalt gebe. Unsere Wünsche brauchen die Feier und die Wiederholung. Der Protestantismus hat im Laufe seiner Geschichte wenig gestalterische Kraft bewiesen. Sein Hauptmittel ist die Rede gewesen, die Predigt. Und darin sind wir gute Erben dieser protestantischen Kultur, daß wir glauben, das Heil liege hauptsächlich in der Beredung.

Aber wir müssen auch schweigen, hören, lesen, fasten, segnen, Blumen aufstellen, beichten; in vielen Gesten uns unsere Hoffnungen wiederholen. Wir müssen uns selbst erkennbar sein als Glaubende, sonst wird der Glaube kraftlos. Und das alles muß etwas Alltägliches sein, es kann nicht nur in herausgehobenen Festzeiten geschehen. Denn gerade der Alltag braucht seinen regelmäßigen Trost, seine regelmäßige Erbauung, seine regelmäßige Reinigung. Religion geht nur, wenn sie alltägliche Religion ist, regelmäßige Ausübung ist. Es geht um unsere tägliche Ernährung. Es ist in dieser Zeit schwer, die Hoffnung zu bewahren und den Glauben nicht zu verlieren. Darum müssen wir uns den Glauben vorsagen und die Hoffnung vorspielen auf den Instrumenten der Frömmigkeit, die wir noch haben und die wir noch gebrauchen können.

Wichtiger allerdings als zu wissen, wie man beten soll, ist zu wissen, wofür man beten soll. Anders ausgedrückt: Eine neue Spiritualität kann man nur versuchen, wenn man klare und eindeutige Lebensthemen und Lebensinhalte hat, für die es sich lohnt zu stehen. Spiritualität ohne Thema ist nicht interessant. In Hamburg stoße ich neuerdings öfter auf Gruppen, die sich regelmäßig zu frommen Feiern treffen. Man sitzt in einem Kreis, hat die Schuhe ausgezogen, eine Kerze brennt, ein Blumenstrauß steht in der Mitte. Man singt leise und schöne Lieder, man ist gestimmt. Aber die Gruppe hat kein Thema. Eigentlich ist dies nur Selbstgenuß und Selbsterfahrung. Man feiert sich selbst. Das ist die feine und ästhetische Spiritualität. Es gibt aber eine eher schmutzige Spiritualität, die sich mit den großen Themen des Lebens und seiner Bedrohung verbindet: mit der Sehnsucht nach Frieden, mit dem Kampf gegen die Zerstörungen, die der Mensch plant und anrichtet, mit dem Kampf um die Erhaltung des Lebens, mit dem Kampf gegen die Unterdrückung des Menschen durch den Menschen. Die diese Spiritualität versuchen, wissen, wofür sie beten, fasten, beichten, schweigen, singen. Es sind Menschen mit einem großen Durst nach Leben. Sie leiden an dem, was dem Leben angetan wird. Und darum schreien und singen und beten sie. Diese Spiritualität ist der große Tanz der Hoffnung und des Glaubens. Und in ihr sind die beiden Geschwister Frömmigkeit und Radikalität endlich einmal vereint.

3. Kommunität

Gemeinsame Entzifferung der Welt

*Leben kann man nur, wenn man einen Kontext hat,
der einem zum Leben verhilft.
Der einzelne kann sich nicht selber erschaffen.
Er kann sich weder den Sinn noch die Gestalt
seines Lebens aus den Rippen schneiden.
Das Leben gelingt nur, wenn es eine Öffentlichkeit findet,
vor der es Gestalt gewinnen kann,
und einen Sinnzusammenhang, der das einzelne Dasein deutet.*

Seit fast 2000 Jahren gibt es christliche Lebensgemeinschaften. In unseren Bibliotheken haben wir die Dokumente ihrer Erfahrungen, ihre Regeln, ihre Konstitutionen. Es ist erstaunlich, wie wenig wir bei unseren eigenen neuen Versuchen die Geschichte ihres Gelingens und ihres Scheiterns zu Rate ziehen. Aber die Zeit fängt nicht mit uns selbst an, und so können wir die Versuche der Geschichte nicht für unerheblich erklären.

Mich interessiert im folgenden vor allem, wie die klösterlichen Gemeinschaften für das einzelne Subjekt Öffentlichkeit herstellten, ein Moment, ohne das das Subjekt nur verstümmelt existieren kann. Einleiten will ich meine Überlegungen mit zwei Zitaten aus Interviews, die ich kürzlich in Hamburg gemacht habe. In dem ersten Gespräch erklärt ein Arbeiter: »Arbeitskollegen lade ich nicht zu mir nach Hause ein. Meine Arbeit habe ich vergessen, wenn ich aus der Fabrik bin. Wenn ich die Kollegen einlade, könnte das Nachteile für mich haben. Die sehen mir zu sehr, was bei mir los ist. Ich trinke abends zum Beispiel ganz gerne einen. Davon könnte ich Nachteile haben, wenn die das auf der Arbeit wissen.« Ein wenig später sagt er: »Zu Hause erzähle ich nichts von meiner Arbeit. Höchstens wenn meine Frau so rumpuhlt. Auch dann erzähle ich nicht, was ich mache. Höchstens, wenn es mal Ärger gegeben hat.«

In einem anderen Interview sagt ein Mann, dessen Frau vor kurzem gestorben ist und der nun mit zwei Kindern allein steht: »Wenn ich nicht weiter kann, dann schlucke ich lieber mal ein Valium. Wie es mir geht und wie ich zurechtkomme, das geht keinen was an. Meinen Kindern habe ich vom ersten Tag an, als meine Frau gestorben ist, gesagt, sie brauchten die Musik nicht leiser zu stellen. Sie haben auch gleich nach der Beerdigung mit ihren Freunden eine Party gemacht, die schon länger geplant war. Die Kinder sollen schließlich nicht darunter leiden, daß meine Frau tot ist. Und wie wir trauern, das geht keinen was an.«

Beiden Männern ist eines gemeinsam: Sie verschweigen sich auf entscheidenden Gebieten und in entscheidenden Phasen ihres Lebens. Der eine zerteilt sich, indem er seiner Familie nichts von seiner Arbeit erzählt und indem er seinen Arbeitskollegen, mit denen er schließlich die meiste Zeit seines Tages verbringt, nichts von seiner Familie erzählt. Der andere spielt vor der Öffentlichkeit eine fatale Rolle: Seine Frau ist tot, und er tut, als sei nichts geschehen. Nicht daß er sie nicht geliebt hat und daß er nicht trauert! Aber seine Trauer empfindet er als seine Privatsache. Er braucht niemanden, nur sein Valium. Sich zu verschweigen, sich zu verbergen, niemanden in sich hineinsehen zu lassen, das ist sicher eine durchgängige Lebensattitüde unserer urbanen Gesellschaft. In Immobilieninseraten findet sich immer wieder folgende Formulierung: »Das Grundstück ist gegen die Nachbarn durch eine Buchenhecke getrennt.« Sprachlich richtiger müßte es heißen: Es ist *von* den Nachbarn getrennt. Aber die Nachbarn, die Öffentlichkeit, der mich übergreifende Kontext wird als feindlich und bedrohlich erlebt. Und so trennt man sich *gegen* die Nachbarn. Die Identität des Wohnungsinhabers oder Hausbesitzers wird zu einer bewaffneten Identität.

In allen Versuchen des kommunitären Lebens in der Geschichte des Christentums war eine der Ursünden die Privatheit des Lebens. In Abwandlung eines Satzes von Paul Valéry: Allein und privat fühlte man sich immer in schlechter Gesellschaft. Eine klösterliche Faustregel sagt es so: numquam solus, raro duo, semper tres! (niemals allein, selten zu zweit, immer mit dreien). Ich will an einigen Beispielen aus der klösterlichen Tradition zeigen, wie das Leben immer nur als veröffentlichtes, als ein den anderen mitgeteiltes und als ein mit den anderen geteiltes verstanden werden konnte.

In vielen monastischen Gemeinschaften gab es die Einrichtung des Schuldkapitels. Die Kommunität traf sich wöchentlich im Kapitelsaal. Die Brüder traten einzeln vor und bekannten öffentlich, worin sie vor der Gemeinschaft versagt hatten oder welchen Schaden sie der Kommunität zugefügt hatten. Vielleicht sagte der Ökonom, der für die Finanzen verantwortlich war, daß er eine finanzpolitische

Fehlentscheidung getroffen hat. Ein anderer bekannte, daß er seine Arbeit falsch organisiert hat. Der nächste sagte, er habe durch häufiges Zuspätkommen die Gemeinschaft gestört. Ein anderer sagte, er habe aus Unachtsamkeit eine Fensterscheibe zerbrochen. In einzelnen Orden haben sich die Brüder im Schuldkapitel auch gegenseitig angegriffen. Man hat den Bruder X angegriffen, weil er in seiner Zelle lärmte. Man warf Bruder Y vor, er betreue die Kranken nachlässig. Einmal im Jahr gab jeder eine öffentliche Rechtfertigung oder auch Selbstkritik seiner gesamten Arbeit. Öffentliche Selbstanklage und öffentliche Anklage waren selbstverständlich. Was alle anging, wurde vor allen und von allen abgemacht. Das konnte niemand mit sich allein abmachen (der Bereich seelischer Verfehlungen blieb der Einzelbeichte vorbehalten). Niemand war nur sein eigener Berater, sein eigener Ermunterer, sein eigener Ankläger und sein eigener Vergeber. Das Leben des einzelnen war einsehbar von vielen. Keiner war sein eigener Herr und Meister. Diese Einsehbarkeit des Lebens hatte in vielen Klöstern ein sinnenfälliges, allerdings auch problematisches Zeichen: Die Zellen und die Sprechzimmer hatten kleine Gucklöcher. Sie waren verhängt, konnten aber geöffnet werden. Durchweg hatten diese Gucklöcher nur eine symbolische Bedeutung, und niemand schaute wirklich hinein. Aber sie erinnerten den Mönch daran, daß die Kommunität ein Recht auf Einsicht hatte.

Daß diese Bräuche zu kindischen und unwürdigen Ritualen verkommen oder geradezu teuflische Zwangsinstrumente werden konnten, steht nicht in Frage. Die meisten Bräuche haben ihre eigene Bosheit, und man kann sie nicht naiv zurückwünschen. Trotzdem glaube ich, daß diesen Bräuchen eine richtige Vermutung zugrunde liegt: Leben kann man nur, wenn man einen Kontext hat, der einem zum Leben verhilft. *Der einzelne kann sich nicht selber erschaffen.* Er kann sich weder den Sinn noch die Gestalt seines Lebens aus den Rippen schneiden. Das Leben gelingt nur, wenn es eine Öffentlichkeit findet, vor der es Gestalt gewinnen kann, und einen Sinnzusammenhang, der das einzelne Dasein deutet.

Was geschieht da, wo das Subjekt seinen öffentlichen Kontext findet? Zunächst: *Der einzelne wird erkannt und kann hochgeschätzt werden.* Erinnern wir uns noch einmal an das Beispiel des Mannes, der in seiner Familie nichts von seiner Arbeit erzählt. Daß der Vater arbeitet, nimmt die Familie am Ende des Monats erst wahr, wenn das Geld kommt. Der *Lohn* der Arbeit, nicht die Arbeit selber findet die Hochachtung der Familienöffentlichkeit. Dagegen das Mitglied in der Klostergemeinschaft: Stolz auf seine Arbeit kann entstehen, weil viele wissen, was er macht (im besseren Fall!). Der Mönch kann einer überschaubaren Kommunität das Ziel seiner Arbeit erklären. Alle wissen, für wen die Arbeit sinnvoll ist. Der Bäcker im Kloster weiß, wer sein Brot ißt, und der Schuster, wer seine Schuhe trägt. Die Kommunität sieht ihn arbeiten. Die Wichtigkeit der Arbeit ist somit sinnlich wahrnehmbar. Daß er – wie im Schuldkapitel – öffentlich kritisiert wird und daß er sich selber öffentlich kritisieren kann, ist nur die Kehrseite der Tatsache, daß seine Arbeit öffentlich zur Kenntnis genommen wird und damit ihre prinzipielle Hochachtung möglich ist. Nicht nur seine Arbeit, seine Existenz ist öffentlich. Niemand geht an ihm vorüber. An seinen Gaben freut man sich. Über seine Fehler ärgert man sich. Seine Existenz ist keine beliebige mehr. Man nimmt ihn zur Kenntnis. Man weiß etwas von ihm. Es ist nicht gleichgültig, ob er da ist oder ob er fehlt. Es ist nicht gleichgültig, ob er sich richtig oder falsch verhält. Weil der einzelne in seinem Kontext wichtig ist, verhält man sich ihm gegenüber nicht liberalistisch. Da der Mensch in der Kommunität nicht bedeutungslos ist, da er ein »Bruder« ist, ist es nicht gleichgültig, wie er sich verhält. Gerade die Kritisierbarkeit des Mitglieds der Gemeinschaft ist ein Zeichen seiner Würde und seines Ansehens.

Noch einen anderen Vorteil bietet die kommunitäre Existenz: *Der einzelne wird auf wesentlichen Stationen seines Lebens gedeutet.* Der Mann aus dem Anfangsbeispiel will und muß mit dem Tod seiner Frau allein fertig werden. Er sagt, es gehe keinen etwas an, wie er damit zurechtkomme. Die Kinder sollen ihre geplante Party feiern. Das heißt, nach außen soll getan werden, als sei nichts geschehen. Aber es ist etwas geschehen, seine Frau ist tot, und zu diesem Tod hat er sich zu verhalten. Aber gerade in den Zusammenbrüchen des Lebens, dort also, wo das Leben grundsätzlich neu als lebbar und sinnvoll interpretiert werden muß, kann man Verhalten nicht neu erfinden. Es muß auch vorliegen. Es muß eine Gruppe dasein, die in Worten und Gesten »Verhalten« anbietet und ein Deutungsmuster zur Verfügung stellt. Die Welt ist lesbar und dem Chaos entrissen durch die Lesekunst der vielen. Vielleicht kennt jeder Situationen der Trostlosigkeit, der Schwäche und der Dürre, in denen man nicht beten, das Leben nicht als lebenswert preisen kann. Vielleicht kann man dann noch zuhören, wie andere beten, und Zuschauer dabei sein, wie sie das Leben preisen. In der eigenen Stummheit redet die Gruppe stellvertretend und findet die Worte, die dem Stummen versagt sind. Zu einem der alten Mönchsväter, so erzählt eine Geschichte, kam ein Bruder, der von Trauer und Melancholie geplagt wurde. Er gestand dem Vater, daß er nicht einmal beten könne. Und dieser antwortete ihm: »Wenn du schon nicht beten kannst, so geh doch in den Gottesdienst und höre zu, wie die anderen beten!« Die Klugheit dieser Antwort liegt einmal darin, daß dem Bruder seine Ambivalenz und Trauer nicht einfach ausgeredet wird. Er darf trauern, er wird nicht zum Beten gezwungen, wo er nicht beten kann. Zum anderen: Er wird nicht einfach dem Tod des Ertrinkens in der Situation überlassen. Die Mönche werden ihm als Beter vorgeführt, und es wird ihm darin gesagt: So warst du gestern selbst, und so wirst du morgen sein, betend und preisend. Die Kommunität macht den Bruder sich selber vergleichbar. Indem sie betet, weigert sie sich, den augenblicklichen Zustand des Bruders als den endgültigen zu nehmen. Sie redet den Bruder aus seiner trostlosen Situation heraus.

In diesen alten Kommunitäten hatte alles seinen Namen, mit dem die Wirklichkeit gerufen und das Böse gebannt wurde. Es gab in diesen Gemeinschaften kaum eine neutrale Geste. Alles hatte seine Deutung und seinen Segen: Am Morgen wurden die Brüder nicht durch einen

Gong geweckt, sondern mit dem Ruf: Benedicamus domino! (Laßt uns den Herrn preisen!) Das Brot segnete man, ehe man es aß. Verließ ein Mönch das Kloster, so erbat er sich vom Abt den Segen, und an der Pforte sprach er: Procedamus in pace! (Laßt uns im Frieden gehen!) Kam er von einer längeren Reise zurück, so nahm ihn die Gemeinde mit einem Segensgebet wieder auf. Alles, was wichtig war, hatte seinen Spruch. Besonders dicht und reich waren die herausragenden Stationen im Leben eines Bruders: sein Eintritt ins Kloster, die Gelübde, Krankheit, Tod. Kein Vorgang wurde rein technisch erledigt. Die Welt, das Leben, die Erfahrungen der einzelnen wurden nie im Rohzustand belassen. Welt war immer von der Kommunität, ihrer Sprache und ihren Gesten errichtete und gedeutete Welt. Kein Lebensvorgang blieb in funktionaler Unverbindlichkeit. Für alles stand Sprache zur Verfügung. Daß diese Art von versprachlichter Welt ihre eigenen Gefahren hatte, ist wiederum unbestritten. Oft genug konnten kaum noch originale Erfahrungen gemacht werden, weil diese Übersprache sie tötete. Für alles lag immer schon die Deutung bereit, sie brauchte vom Subjekte manchmal gar nicht mehr erobert zu werden. Aber wir haben es bei unseren heutigen Lebensversuchen ja nicht mit einem Zuviel an Sprache und Deutung zu tun. Unser Hauptfeind ist die Sprachlosigkeit und die Gefahr der Verirrung in ungedeuteten Phänomenen.

Wer in einer solchen Kommunität lebt – einsehbar für viele, getragen von den Brüdern und gedeutet von den Gesten der Tradition –, wird beinahe eher ein Typ als ein Individuum. Es werden von ihm eher typische als individuelle Lebensäußerungen erwartet. Er wird sehr bald in vorgeprägten Mustern reagieren, in bestimmten Mustern seinen Brüdern begegnen, seine Konflikte mit ihnen austragen. Er wird sich bestimmte Gesten aneignen, eine bestimmte Sprache sprechen, mit seinen Leiden auf eine bestimmte Weise umgehen, bestimmte Probleme für wichtig halten und andere vergessen. Er wird sich den kollektiven Gesten und dem kollektiven Denken einfügen. Ist dies gefährlich, und zerstört es die Subjektivität und die Freiheit des einzelnen? Ganz gewiß hat es nicht nur Einzelfälle, sondern ganze monastische Perioden gegeben, in denen der einzelne erstickt wurde in der diktierten Form des Kollektivs. Der Jargon der Geste und der Sprache hat das Leben »geregelt«.

Der Jargon ist gefährlich. Von ihm möchte ich aber den »Dialekt« einer Gruppe unterscheiden, der für Außenstehende wie Jargon aussieht, von ihm aber durchaus zu unterscheiden ist. Jede Gruppe braucht Selbstdefinitionen. Sie definiert sich nicht nur explizit in ihren Zielen und Absichten. Sie schafft sich in einer bestimmten Sprache, in lange geübten Gesten und Traditionen Abzeichen, an denen sie sich selber erkennt und in denen ihre Mitglieder betonen, daß sie zueinander gehören. So wird etwa jeder Professor Heimat riechen, wenn in einem Gespräch in regelmäßiger Wiederholung vorkommt: »Wissenschaftsbegriff«, »in kritischer Absicht«, »praxisrelevant«, »theoriebezogen« etc. Zu einem sinnvollen Lebensraum gehört, daß dieser ein gewisses sprachliches und gestisches Zeremoniell hat. Zu Hause ist man nicht in grenzenlosen und unendlichen Räumen. Man kann nicht alle Sprachen sprechen, nicht alle Gesten vollziehen, alle Gedanken denken. Zur Selbstbeheimatung gehört, daß der einzelne und die Gruppen auswählen, daß sie sich sprachlich und gestisch verdichten, daß sie ihre Lebensgestalt finden. Das grenzenlose Land ist Niemandsland. Nur eine technische Sprache, die reine Informationen vermittelt, ist eine überall sprechbare Sprache. Eine Sprache, in der wir selber enthalten sind, in der also wir unsere Wünsche und Hoffnungen, unser Leiden, unseren Schmerz und unsere Liebe ausdrücken, ist gefärbt von der Lebenslandschaft, die die unsere ist. Sie ist *Dialekt.* Gefährlich wird es nur da, wo Gruppen sich vom Dialekt ernähren, das heißt, wo die Form der Sprache und des Gestus wichtiger wird als der darin ausgedrückte Inhalt und als die eigentlichen Ziele und Lebensabsichten einer Gemeinschaft. Dies geschieht immer da, wo sich eine Gruppe ihres eigentlichen Zieles nicht mehr sicher ist und sich über dieses Ziel nicht mehr verständigen kann.

Ich komme damit zu einem letzten Punkt: Einsehbares, getragenes und versprachlichtes Leben kann es nur da geben, wo die Kommunitäten sich nicht in sich selber erschöpfen. Lebensgemeinschaften haben eine Zukunft, sofern sie ein Ziel haben, das über sie selber hinausgreift. Dies möchte ich verdeutlichen am Beispiel eines französischen Klosters, das in den zwanziger und dreißiger Jahren in der sozialen Erneuerungsbewegung eine große Rolle spielte. Die Mönche setzten für dieses Ziel ihre ganze Kraft ein. Sie wurden teilweise von außen angefeindet, und dies schloß sie um so enger zusammen. Soziale Erneuerung als Arbeitsziel war die Sache von allen, nicht nur von einigen spezialisierten Soziologen, Historikern und Theologen der Gemeinschaft. Es war ein strenges Kloster, eine konzentrierte Gemeinschaft. Die Strenge empfanden die Mönche nicht als bedrückend. Sie wußten, worauf und wofür sie sich konzentrieren mußten. Soziale Gerechtigkeit war das immer vorhandene Thema ihrer Arbeit und ihres Gebetes. Nach dem Krieg waren wesentliche Ergebnisse zumindest theoretisch erarbeitet, einiges hatte sogar eine gewisse gesamtkirchliche Anerkennung gefunden. Die Gemeinschaft vermochte es nicht – aus welchen Gründen auch immer –, ihr Ziel noch einmal schärfer zu formulieren oder sich ein neues Ziel zu suchen. Nur noch einige Spezialisten arbeiteten jetzt an der früher allen gemeinsamen Sache. Die Mehrzahl der Mönche fragte sich immer mehr, wozu sie eigentlich da seien. Außerhalb des von allen gewußten und von allen geteilten Zieles verlor alles bisher Fraglose seine Selbstverständlichkeit: Die Disziplin wurde als drückend empfunden, die Gebete als zu lang. Die Beziehungen der Mönche zueinander wurden immer anstrengender. Die Zahl der Kranken stieg an. Endlose Selbstverständnisdiskussionen wurden geführt. Die sprachlichen und gestischen Zeichen der Selbstvergewisserung wurden außerhalb ihres Arbeitskontextes hohl. Da es dem Kloster als ganzem nicht gelang, eine neue überzeugende gemeinsame Aufgabe zu finden, kam es zu vielen privaten Einzellösungen des Problems: Eine Gruppe engagierte sich in der Sozialarbeit, einzelne wurden in politischen Parteien tätig, andere wurden Spezialisten in fernöstlicher Meditation. Andere studierten Romanistik oder Kunstgeschichte oder Theaterwissenschaft, jedoch ohne absehen zu können, zu was dieses Studium auf die Dauer nütze sein sollte. Die Arbeit der einzelnen verlor ihre kommunitäre Öffentlichkeit. Kaum einer wußte genau, was der andere tat. So konnten sich die Mönche in ihrer Arbeit gegenseitig nicht mehr hochachten. In schwacher Liberalität wurde vieles geduldet, aber kaum etwas wurde von allen als überzeugend empfunden. Außerhalb eines eindeutigen Zieles wurde plötzlich alles zum Problem: Gebet, Kleidung, Verhaltensregeln, Beziehungen, Gesundheit, Askese. Da das Hauptprinzip, nämlich zu wissen, wofür man lebt und arbeitet, verloren war, wurde jede Nebenfrage – wie Essen, Kleidung, Verkehrsformen – zu einer prinzipiellen Frage. Jeder spielte das Spiel nach seinen eigenen Regeln. Ein kollektives Bewußtsein löste sich auf, und die Gemeinschaft vereinzelte sich in eine Ansammlung von Privatiers. Dies war das Ende der Kommunität, wenn sie formal auch noch eine Zeitlang bestand.

Allen längerfristigen Gemeinschaften lag in ihren produktiven Phasen eine klare und von allen geteilte Lebensabsicht zugrunde. Ihre Mitglieder kamen nicht zusammen, um sich gegenseitig das Leben zu erleichtern und um die Bücher und die Waschmaschinen miteinander zu teilen. Das mag lobenswert sein, aber es genügt nicht, um eine Kommunität auf einen längeren Zeitraum hin lebensfähig zu erhalten. Wissen, wofür man lebt, ist ein indispensables Wissen. Biblisch ausgedrückt: Wer zuerst das Reich Gottes und seine Gerechtigkeit sucht, dem wird alles andere dazugefügt – auch der Lebensstil, auch die Art seiner Gebete, auch die Gesten der Zusammengehörigkeit, auch die Sprache für seine Wünsche.

4. Deutung

Stummheit am Beispiel Krankheit

Um leben zu können, muß man eine Interpretation des Lebens haben. Die Lebensinterpretationen beginnen aber längst vor den ausdrücklichen Sätzen, die über die Krankheit und ihren Sinn zu sagen sind. Kann es noch einmal eine Sprache geben, die von vielen gesprochen wird, die das zerstückelte Leben zusammenbringt und in der Geschichten vom guten Ausgang des Lebens verheißungsvoll aufbewahrt sind?

Nehmen wir an, wir fahren mit dem Fahrrad eine steile Anhöhe hinauf, die uns Kraft und Mühe kostet. Wir brauchen eine objektive Muskelleistung, um die Höhe zu erreichen. Sie hängt ab vom Grad der Steigung, von der Beschaffenheit des Weges, von der Qualität des Fahrrades. Diese objektiven Daten sagen aber noch nicht alles darüber aus, wie wir die Auffahrt erfahren. Jeder »liest« seine Anstrengung auf verschiedene Weise, und so wird sie verschieden für den einzelnen. Der eine ist konzentriert auf die Stelle, an der er gerade ist, er denkt an seine schmerzenden Muskeln, er hört das quietschende Rad, er hört seinen eigenen Atem, er spürt seinen Schweiß: Er ist bei sich und bei seinem mühevollen Augenblick. Der andere weiß, daß er auf der Anhöhe eine schöne Aussicht hat, daß eine Quelle dort ist, daß er dort Freunde zu erwarten hat. Er denkt nicht besonders an seine Muskeln und hört seinen Atem nicht. Er ist nicht nur bei sich und seinem Augenblick. Er ist schon bei den Freunden oder bei der Quelle, aus der er trinken will. Er »liest« seine Auffahrt anders. Das Ziel zieht ihn hinauf. Sein Weg ist müheloser, er schafft »spielend«, was der erste kaum bewältigt.

Was mich trifft, womit ich zu arbeiten habe, woran ich zu kämpfen habe, ist nicht nur das, was es ist. Es ist auch immer das, was ich in es hineinlese. Die Objektivität ist das Rohmaterial, das bearbeitet werden will. Sie verändert sich durch die Lesart, die ich ihr gebe. Wer auf der »Anhöhe« nichts zu erwarten hat, dem ist der Weg schwer erträglich. Er ist eingemauert in sich und seinen ziellosen Aufstieg. Wer nicht weiß, wofür und in welchem Zusammenhang er sich anstrengt, der spürt sich unerträglich.

Wo das Leben seine glatte Fahrt hat und glückt, wo die Welt uns vertraut und in ihrem Zusammenhang unmittelbar einsichtig ist, da brauchen wir uns am wenigsten zu deuten. Unsere Arbeit fängt da an, wo die »Lesbarkeit der Welt« (Hans Blumenberg) nicht selbstverständlich ist, zum Beispiel wenn wir krank werden. Wenn wir krank werden, spüren wir uns, wie der Radfahrer seine Muskeln spürt, wenn er einen Berg hinauf muß. Wir spüren unseren Leib und das kranke Organ. Wir spüren unsere Seele. Keine äußere Arbeit lenkt uns von uns selber ab. Unsere Lebensumstände haben sich verändert: Wir gehen und sitzen nicht, wir liegen und haben eine andere räumliche Perspektive. Wir haben Zeit, vielleicht quälend viel Zeit. Wir essen anders, nicht mehr mit dem Appetit des Gesunden. Unsere Beziehungen werden anders. Die Menschen, die uns nahe sind, sprechen nicht nur mit uns. Sie sprechen über uns, vielleicht sogar hauptsächlich über uns und nur beiläufig mit uns. Wir sind einsam, weil keiner da ist, wo der Kranke ist. Ich bin ich selbst, von quälender Authentizität. Und da beginnt die Arbeit, von unserer punktuellen Existenz wegzukommen, uns selber wieder in Zusammenhänge zu bringen, die einsichtig und sinnvoll sind. Wir deuten uns in unserer Krankheit, und unsere Umgebung deutet unsere Krankheit, denn auch sie ist von ihr bedroht. Das kranke Tier schleppt sich weg von der Herde oder wird von ihr vertrieben. In der Tierwelt wird die Gefahr für alle durch Aussonderung gebannt. In einer humanen Gesellschaft wird der Kranke nicht isoliert. Er wird besprochen, und er bespricht sich.

Eine solche Besprechung finde ich in einem alten Gebet für einen Kranken: »Siehe herab, o Herr, wir bitten dich, auf deinen Diener, der unter seiner Krankheit daniederliegt, und kräftige das Leben, das du erschaffen hast. Durch deine Heimsuchung geläutert, laß ihn verstehen, daß deine Hand es gewesen ist, die ihn gerettet hat.« – Der Kranke ist besprochen: Über ihn ist gesagt, daß seine Krankheit nicht eine zufällige Panne seiner Organismen ist. Er hat einen Herrn, der ihn »heimsucht« in der Krankheit. Sein Leben und seine Krankheit haben einen Ort. Seine Heilung hat eine Hand, die sie herbeiführen kann.

Die Krankheit hat ein Ziel. Der Kranke soll »verstehen« lernen; die Krankheit ist Läuterung. Nichts ist umsonst, kein Schmerz ist zufällig. Indem die Qual ein Ziel bekommt, ist schon ein Stück ihres Endes vorweggenommen. Die Krankheit hat einen Sinn. Das Substantiv »Sinn« geht auf die Wurzel »sent« zurück, deren ursprüngliche Bedeutung ist: eine Richtung nehmen, eine Fährte suchen. Die Krankheit kann also gelesen werden wie eine

Spur, sofern jemand alphabetisiert ist und lesen kann. Sie ist Hand Gottes, sie ist Strafe Gottes, sie ist Läuterung, sie ist Heimsuchung, sie ist Opfer für das Heil der Welt, oder wie die vielen alten Lesarten hießen. Die große Angst, daß etwas in unserem Leben umsonst oder zufällig oder verloren sein könnte, ist gebannt.

Die Krankheit fand in alten Gesellschaften nicht nur ihr Wort, sie fand auch ihr Sakrament, ihre Geste. Es wurde eine besonders geweihte Kerze für den Kranken aufgestellt. Seine Füße und seine Hände, seine Augen und seine Ohren wurden mit Öl gesalbt. Er bekam einen besonderen Segen. Ein Wasser aus einer besonderen Quelle, vielleicht Lourdeswasser, wurde ihm zu trinken gegeben. Die Angehörigen machten eine Wallfahrt für die Genesung des Kranken. Eine weise alte Frau kochte dem Kranken einen Sud aus einer um Mitternacht ausgegrabenen Wurzel. Und ging es mit dem Kranken zu Ende, so bekam er die Wegzehrung. Der Wunsch nach Gesundung, das Einverständnis mit dem Tod, der Zusammenhang des Lebens wurde in vielen Gesten versinnlicht. Der Sinn fand seine Sinnlichkeit und Greifbarkeit.

Solche Worte und Gesten, die den Kranken in den Zusammenhang mit einem Ganzen brachten, haben wir heute kaum noch. Wir sind aufgeklärt und ernüchtert. Der Kranke weiß von sich nur, daß er krank ist. Der Arzt hat – im besten Fall – die somatischen und psychischen Gründe der Krankheit erforscht. Rituale gibt es zwar noch – die Wallfahrt als Aufsuchen der »Kapazität« oder das Priestergewand als weißer Kittel. Aber diese Rituale weisen nicht mehr auf ein Ganzes hin. Sie sind nur noch Sinnfragmente. Die alte Produktionsgemeinschaft von Sinn – Kranker, soziale Umgebung und Arzt – ist auseinandergefallen. Der Kranke ist Spezialist in der Wahrnehmung seiner Schmerzen, der Arzt für die Analyse und Therapie, die Verwandten und die Freunde haben nur noch Besucherstatus.

Man kann fragen, ob diese Ernüchterung bei der Wahrnehmung von Krankheit, der Zusammenbruch der errichteten Deutungswelt nicht ein prinzipieller Fortschritt ist. Ein Fortschritt für den Arzt, dem die Augen nicht mehr verstellt sind für die richtigen und benennbaren Gründe der Krankheit. Ein Fortschritt für die Redlichkeit der Angehörigen und des Patienten, denen kein Schein von Zusammenhängen die Zusammenhanglosigkeit des Lebens verstellt. Jede Deutung entfremdet die Menschen auch von der unmittelbaren Realität. Denn die gedeutete Welt ist ja nicht das Ergebnis der Arbeit des einzelnen Subjekts. Viele Generationen haben an ihrer Errichtung mitgearbeitet. »Meine Welt« als die von mir errichtete und bearbeitete Welt ist sie nur in einem geringen Maß. Und die Entfremdung kann so stark sein, daß das Subjekt völlig untergeht im Blickwinkel der vielen. Ich habe einmal an der Beerdigung eines jungen Mannes von etwa zwanzig Jahren teilgenommen. Die Mutter schrie am Grab und war wie von Sinnen. Sie konnte keinen Zusammenhang mehr herstellen. Der Pfarrer, der den Mann beerdigt hatte, sagte nachher: »Wer wirklich glaubt, der weint nicht. Die Mutter müßte wissen, daß ihr Kind bei Gott ist!« Dies war die beamtete Deutung, die Entfremdung der Menschen von ihren Schmerzen, weil in der raschen und handhabbaren Deutung die Situation erschlagen wurde. In dieser Art von Sinngebung wird die reale Erfahrung verschüttet, dem Menschen damit Erkenntnis und Freiheit genommen. Das Subjekt soll sich darin nur noch von außen erfahren: als von der Hand Gottes geschoben. Die Innenerfahrung – der Schmerz, die Verzweiflung, die Leere – gilt nicht oder nur beiläufig. Jede Deutung, sofern sie die Freiheit des Menschen nicht verletzen soll, muß dem Leben und der Realität abgerungene Deutung sein. Sie kann also nicht am Anfang einer Situation stehen. Sie kann nicht geschehen unter Absehung der Wirklichkeit und auf Kosten der Realität. »Der Sinn des Lebens ist das Leben« und nicht hauptsächlich seine Deutung. Da aber Leben und seine Deutung sich kaum einmal völlig decken außer in den seltenen Augenblicken des vollkommenen Gelingens, bleiben Zögern, langsame Sprache und der Zweifel produktive Momente des Sinnes. Ich muß wissen, was ich tue, wenn ich spreche, daß ich »in Gottes Hand« bin. Ich muß wissen, welchen Realitäten ich ins Gesicht schlage, wenn ich einen solchen Satz sage.

Das Zuviel an Sprache und die zu rasche Sprache ist aber nicht mehr unser Hauptproblem. Wir haben es damit zu tun, daß wir in den Krisen unseres Lebens stumm und unpathetisch geworden sind. Stumm, weil wir nicht sagen können, wozu etwas gut ist und wozu die Krankheit »dient«. Wo man nicht mehr sagen kann, wo die Krankheit hinführt, was sie soll und welchen Sinn sie hat, da scheint man um so ausführlicher zu fragen, woher sie kommt. Die Sinnfrage ist in einer kausalistischen Reduktion ersetzt durch die Frage nach der Herkunft der Krankheit.

Ein Freund von mir hatte vor kurzem das, was man wohl einen nervösen Zusammenbruch nennt. Er ging zu einem Arzt, dieser überwies ihn für eine Woche in eine Klinik. In dieser Woche taten die Ärzte ihr Bestes. In vielen aufwendigen Untersuchungen seines Herzens, seines Gehirns, seines Blutes, seiner Augen überlegten die Ärzte, woher seine Symptome kommen könnten. Vielleicht war dies nicht falsch. Die Sache der Ärzte ist schließlich zu fragen, was die Gründe für eine Krankheit sind. Ärzte sind ja keine Priester und Lebensdeuter. Aber wo in einer Gesellschaft die Frage nach der Genese der Krankheit die einzige ist, da hat die Krankheit keine »Botschaft« mehr. Da kann sie nicht mehr gelesen werden und da hat man bei den nackten Tatsachen des Lebens zu bleiben. Ertragen der Krankheit und Erträglichkeit der Krankheit kann es dann kaum noch geben. Die Deutung kann nicht ersetzt werden durch die genetische Information. Bleiben wir bei dem Beispiel des Anfangs: Wenn ich mir nur erklären kann, woher meine Mühsal beim Radfahren kommt – vom steilen Berg, vom schlecht geölten Fahrrad, von einer schlechten Kondition –, dann ist mir mit dieser Erklärung wenig geholfen. Geholfen ist mir nur, wenn ich weiß, wozu meine Anstrengung dient und wohin sie mich bringt.

Ich frage mich an dieser Stelle selbst, was ich will. Wem trauere ich nach? Kann es noch einmal eine Zeit und eine Welt geben, die bedeutungsvoll ist; eine Zeit, in der alles, was Menschen erfahren und tun, der Gleichgültigkeit und der fatalistischen Zufälligkeit entrissen ist und in der alles seinen Zusammenhang hat? Kann es noch einmal eine Zeit der Sakramentalien geben, das heißt eine Zeit, in der die Bedeutung der Welt in allen alltäglichen Dingen uns offenbar wird: im Brot, im Wein, im Wasser, im Salz? Kann Gott noch einmal wie bei Franz von Assisi erkannt und gepriesen werden in der »Schwester Sonne, die dein Gleichnis ist«, in Bruder Mond und den Sternen, im Wind und in den Lüften, in der Krankheit und in der Mühsal, im Tod, »der nicht mehr schaden kann«? Anders ausgedrückt: Werden wir noch einmal an Gott glauben können? Wird es noch einmal eine Zeit geben, in der viele Menschen miteinander einfache Sätze sprechen können? Sätze wie folgende: Ich bin in Gottes Hand! Du bist stets bei mir! Es ist nichts umsonst! Denen, die Gott lieben, gereicht alles zum Besten!

Kann man noch einmal ein Ganzes denken, aus dem nichts herausfällt und aus dem nichts ausgeschlossen ist? Soll man es überhaupt wünschen, noch einmal einen »letzten Satz« zu finden? So fraglos ist dieser Wunsch nach letzten Sätzen ja nicht. Schließlich haben diese »letzten Sätze« im Verlauf der christlichen Geschichte ebensoviel Krieg, Mord und Verwüstung des Lebens hervorgebracht wie Trost und Würde des Lebens. Wir brauchen nur daran zu denken, wo überall der letzte Satz »Gott mit uns« schon gestanden hat! In einer Rede zur Sonnenwende hat Baldur von Schirach 1936 folgendes gesagt: »Nie wieder soll die jüngere Generation eine ältere vor sich haben, die kein großes Lebensziel mehr erkennt... alt und jung haben sich im Bekenntnis zu einer jungen Lehre gefunden. Um ein Feuer stehen sie alle, von den Kindern bis zu den Greisen, und alle sind glücklich im Bewußtsein ihrer großen, ihrer heiligen Kameradschaft... Hier, wo Deutschland dem Himmel am nächsten ist, öffnen wir unsere Herzen dem Allmächtigen. Erfüllt von ihm und hingegeben dem Manne, den er uns schenkte als unseren Führer zu Ehre und Freiheit, geloben wir Adolf Hitler, die Treuesten der Treuen zu sein.«

Das war das letzte Mal in der deutschen Geschichte, daß es eine zusammenhängende Sprache und ein »großes Lebensziel« gegeben hat. Wird danach Skepsis nicht doch höher zu schätzen sein als Glaube? Und wird man danach nicht besser tun, sich mit einer fragmentarischen Lebensdeutung zu begnügen? Dies ist sicher keine rhetorische Frage. Die Nazizeit ist ein Beispiel dafür, daß Lebensdeutungen das Leben auch bedeutungslos machen können – so sehr, daß die eigentliche Bedeutung des Lebens im Tod, in der Vernichtung des Lebens, im Heldentod gesehen werden kann. Das ist aber nicht die Bedeutungslosigkeit, mit der wir es zu tun haben. Wir leiden nicht an überhitzter, sondern an unterkühlter Sprache. Wir leiden nicht so sehr am falschen Glauben, sondern am Unglauben.

Wir haben zu unterscheiden gelernt zwischen Glauben und Glaubensbekenntnis. Wir haben gelernt zu sagen, daß Glauben sich nicht an der Anzahl der Gebete und nicht an der Häufigkeit des Gottesdienstbesuches beweist. Wir haben zu verstehen gelernt, daß Glaube schon eher deutlich wird an seinen alltäglichen Realisationen in Liebe, Solidarität und Gerechtigkeit. Das ist richtig, sofern sich dahinter nicht die falsche Annahme verbirgt, daß der Glaube keine Sätze, keine Sprache, keine Äußerung und keine Geste braucht. Diese falsche Annahme ist so töricht wie die, daß die Liebe keine Sprache, keine Tänze, keine Gesten braucht. Gerade wo Menschen sich lieben, wird die Formulierung des Unmöglichen, die Behauptung des Zusammenhangs und der Totalität gegen jeden Augenschein notwendig. Da fangen Menschen an, sich Unmöglichkeiten zu sagen und zu versprechen wie diese: Ich werde dir treu sein bis in den Tod; ich werde dich niemals verlassen; du bist der schönste Mensch; ich werde sterben ohne dich; ohne dich ist das Leben leer. Diese Sätze behaupten mehr, als man vernünftigerweise sagen kann; sie werden nicht widerlegt durch ihre augenscheinliche Unerfüllbarkeit. Wo das Leben auf dem Spiel steht, da wird man pathetisch und da kommt man mit nicht weniger als dem Ganzen aus. So vermute ich, daß die Gleichgültigkeit gegenüber der Glaubensformulierung, der Glaubensgeste, der »Aufführung« des Glaubens im Gottesdienst schon ein Zeichen der Unfähigkeit zu glauben ist.

Eine andere Variante der Glaubensunfähigkeit besteht darin, daß man die Sprache des Glaubens nur noch als Rückverschlüsselung, als nachträgliche Codierung, als beiläufige Poetisierung von Sachverhalten benutzt, die auch in rationaler Sprache klar und ohne Rest zu sagen sind. In dieser Sprache weiß man immer schon, was man sagt, und zwischen der Formulierung des Glaubens und seiner Aufschlüsselung besteht ein Einszueins-Verhältnis. Das ist eine ähnliche Sprachverderbnis, als spreche ein Mensch, der einen anderen liebt, in folgender Weise zu ihm: »Ich will dir treu sein bis zum Tod. Das heißt für mich: Ich will für dich einstehen. Du sollst dich auf mich verlassen können, solange wir zusammen leben. Ich will für dich sorgen, sofern meine eigenen Interessen nicht zu sehr eingeschränkt werden.« Der Mensch, der so spricht, sagt nur das Mögliche. Die Sprache des Glaubens aber ist unendlich. Sie formuliert, was unmöglich ist; sie formuliert das, wovon sie den Ort der Erfüllung und Bewahrheitung nicht kennt. Wo der Glaube sich formuliert, wo die Leidenschaft für das Leben sich benennt, da wird der Mund immer zu voll genommen; da werden Versprechungen gemacht und da werden Versprechen angenommen, die unbegrenzt sind. Die Bescheidenheit und die Limitation in der Sprache erklärt sich schon einverstanden mit dem bescheidenen und limitierten Leben. Man muß sagen, was man nicht verantworten kann! Man muß auch das formulieren, für dessen Erfüllung man selber nicht einstehen kann. Erst diese Sprache übt den Aufstand gegen die Korruption der Gegenwart ein.

Um leben zu können, muß man eine Interpretation des Lebens haben. Die Lebensinterpretationen beginnen aber längst vor den ausdrücklichen Sätzen, die über die Krankheit und ihren Sinn zu sagen sind. Das Leben interpretieren können heißt auch ganz realistisch und materialistisch: wissen, wie man mit ihm und seinen Beschädigungen umgeht; selbst wissen, was der Gesundheit dient. Ich erinnere mich an die dörflich-bäuerliche Welt, aus der ich stamme. Zunächst waren dort Krankheiten weniger verborgen, als sie es heute in der Anonymität unserer Städte sind. Das Dorf weiß und sieht alles, wie schauerlich die Folgen dieser Allwissenheit auch sein können. Es waren immer Leute da – nähere oder weitere Bekannte und Verwandte –, die krank waren. Man ging ja mit vielen Menschen um, nicht nur mit denen aus der eigenen Generation. Auch wenn man selbst gesund war, gab es eine Art Propädeutik: Man lernte als Gesunder schon langfristig, mit der Krankheit umzugehen, indem man sah, wie Menschen aus dem eigenen Lebenskontext von ihr befallen wurden, sie bearbeiteten, geheilt wurden oder starben. Weil man Kranke nahezu immer sah, hatte die Krankheit auch etwas Natürliches. Viel von ihrer plötzlichen Dramatik war ihr so genommen.

Weil die Krankheit gegenwärtig war, war die Vorbereitung auf ihre Bearbeitung eine Selbstverständlichkeit. Die Heilung wurde vorbereitet, man beschäftigte sich schon mit ihr, ehe man selbst oder jemand aus der nahen Familie krank war. Man sammelte Heilkräuter, Kamille, Pfefferminze, Huflattich, Johanniskraut. Man ließ an bestimmten Tagen Kerzen segnen, die man im Falle der Krankheit anzünden konnte. An Mariä Himmelfahrt wurden in der Kirche Blumensträuße gesegnet, die man in den Sarg legte, wenn jemand aus der Familie starb. Krankheit war fast so natürlich wie Gesundheit. Da es immer Kranke gab, war sie immer erwartet, ohne daß daraus eine Kultur der Selbstbemitleidung wurde.

Viele Menschen, besonders die Frauen, hatten ein reiches Wissen im Falle der Krankheit. Man schickte nicht nur deswegen nicht sofort zum Arzt oder in die Apotheke, weil dies zu teuer war, sondern weil man auch erstaunlich viel selber tun konnte. Man wußte, wozu Kräuter, Wickel und Bäder gut waren. Und wenn jemand krank wurde und seine Umschläge bekam, wußte der Kranke selbst, was mit ihm geschah; anders als heute, wenn er seine Tabletten nimmt, wenn er fremden Spezialisten ausgeliefert ist und nicht weiß, was mit ihm geschieht. Die Vorgänge waren dem Kranken also nicht fremd, zumindest nicht so völlig fremd wie in einem modernen Krankenhaus, in dem der Kranke zu einem vollständigen Laien degradiert wird und fast keinen der Schritte, die zu seiner Heilung unternommen werden, deuten kann. Heimat und sinnvolles Leben ist um so mehr da, je mehr wir die Vorgänge um uns herum verstehen, je weniger wir dem Zusammenhanglosen und blind über uns Hereinbrechenden ausgeliefert sind.

In einer solchen Situation ist es nicht nur möglich, die Schritte zu deuten, die zu unserer Heilung unternommen werden. Wir können auch die Heiler und Pfleger deuten. Ich kenne sie: Es ist meine Frau, mein Vater oder meine Mutter, es sind meine Kinder. Die Bearbeitung der Krankheit geschieht also mit Menschen zusammen, deren Haltung und Absichten ich einschätzen kann. Heilen und Zuneigung sind miteinander verknüpft. Heilen und Trösten fallen nicht auseinander. Krankheit findet nicht im Unvertrauten und in der Fremde statt. Man ist nicht allein, und vor allem stirbt man nicht allein.

Die Frage erhebt sich, ob das alles noch einmal herzustellen ist: der stimmige und heimatliche Raum, in dem der einzelne Subjekt seines Handelns und seines Leidens sein kann? Kann es noch einmal eine Sprache geben, die uns aus haltlosen Zufälligkeiten herausreißt und mit der wir uns in dieser kalten Welt einrichten können? Ist die Einsamkeit des Kranken vielleicht der Preis, der für den objektiven Fortschritt der Medizin zu zahlen ist? Auf diesen Fortschritt wollen und können wir ja nicht verzichten.

Kann es noch einmal heimgeholte, ausgeleuchtete, gedeutete Lebensräume geben? Wir stellen fest, daß eine erhebliche Anzahl von jungen Menschen in unserem Land, die man nicht einfach als exotische Subkultur abtun kann, sich um die Erstellung solcher Räume bemüht. Sie interessieren sich für kollektive Lebensformen, sie leben näher an der Natur mit ihren Rhythmen; sie machen sich ihre Welt durchschaubar im Erwerb vieler einfacher Kompetenzen in der Medizin, in der Ernährung, in Fragen der Bekleidung. Sich Alternativen zum herkömmlichen technizistischen Stil auszudenken, das wird inzwischen auch politisch honoriert, wie sich in den Wahlen der Bundesrepublik zeigt. Es ist ein Wechsel der Interessen eingetreten. Bedeutsame Gruppen arbeiten nicht mehr nur am quantitativen Fortschritt, sondern vorrangig an neuen Lebenskonzepten. Sind das Modeerscheinungen? Es scheint so, weil die Themen der »Alternativen« – so will ich sie einmal verkürzt nennen – so rasch wechseln. Einmal ist es die alternative Schule, die alternative Medizin, dann die Ökologie, dann die Friedensbewegung. Für kurzlebige und flatterhafte Randinteressen kann nur der dies halten, der nicht sieht, daß dies alles zusammenhängt und daß in den wechselnden Themen immer eines verhandelt wird: die Konstitution eines neuen Subjektes in neuen und weniger entfremdeten Lebensräumen.

Kann es noch einmal eine Sprache geben, die von vielen gesprochen wird, die das zerstückelte Leben zusammenbringt und in der Geschichten vom guten Ausgang des Lebens verheißungsvoll aufbewahrt sind? Es scheint so. Das Bedürfnis nach ihr wächst auf jeden Fall. Ich bin mir nicht sicher, ob die Geschichten vom guten Ausgang und von der Einheit des Lebens auf Dauer in unseren beiden großen Kirchen erzählt werden. Es kommt mir manchmal vor, als ob sich diese Geschichten eher wie Efeu um unsere Kirchen ranken; als ob die Menschen, die sich diese Geschichten erzählen, außerhalb unserer Kirchen säßen, aber eben ganz nahe bei ihnen, mit der Tradition des Christentums verbunden, getrennt aber von seiner Organisation. Ein Beispiel dafür sind die Kirchentage. Auf ihnen finden sich immer mehr Gruppen und einzelne, die kaum »lebendige Glieder« ihrer Heimatgemeinde sind. Aber zu den Kirchentagen kommen sie. Dort verhandeln sie ihre Interessen und Themen, nicht identisch mit der Kirche und doch nicht getrennt von den Geschichten des Christentums.

5. Einverständnis

Sich den Tod wünschen

*Es gibt einige Grundgewißheiten,
die gegeben sein müssen, damit man das Leben
schätzen kann und damit die Todeswünsche
nicht übermächtig werden.
Eine wichtige Gewißheit dieser Art ist:
Es wird eine Zukunft geben, die ich mitgestalten kann
und in der Leben möglich ist.*

Im alten Beichtspiegel der katholischen Gebetbücher stand die Frage: Habe ich mir den Tod gewünscht? Diese Frage bei der Gewissenserforschung setzt voraus, daß man sich den Tod nicht wünschen darf, daß das Leben lebenswert ist, daß der einzelne nicht Herr über sein Leben ist. Ist es verboten, sich den Tod zu wünschen? Diese Frage ist schwer zu beantworten, weil es so viele Arten von Todeswünschen gibt.

Ich denke an eine Frau, sie ist fast hundert Jahre. Außer Geld hatte sie nicht viel in ihrem Leben. Sie hatte keinen Mann, sie hatte keine Kinder. Vor beidem hatte sie eine Abscheu. Sie hatte die Pflege ihrer Gesundheit und ihre Kirche. Das war wichtig. Sie lebt seit einigen Jahren in einem Altersheim. Den Übergang von ihrer Wohnung zum Altersheim hat sie kaum wahrgenommen, nicht weil sie schon verwirrt gewesen wäre, sondern weil sie nicht einsamer geworden ist durch den Übergang ins Heim. Sie hatte dabei nichts verloren, weil sie vorher schon kaum Beziehungen hatte. Diese Frau kann nicht sterben. Sie hat sich ein bösartiges Spiel daraus gemacht, die anderen zu überleben. Mit unverhohlenem Vergnügen registriert sie, wenn ein Jüngerer von ihren Bekannten stirbt. Ihre körperlichen Funktionen fallen aus. Sie hört nicht mehr, sie sieht kaum noch, sie kann nicht mehr gehen. Aber sie will nicht sterben. Ich denke, man kann sich den Tod nur wünschen, wenn man wenigstens ein Stück des Reichtums des Lebens gespürt hat. Wer gar keinen Traum vom Leben hatte, der sieht nicht ein, daß er sterben soll, wenn das Leben kärglich ist. Sich den Tod wünschen kann der, der Ehrfurcht und Hochachtung vor dem Leben hat. Er will nicht unter allen Umständen leben.

Mir fällt eine andere Frau ein, im gleichen Alter. Sie hatte Kinder, sie hatte einen Mann, den sie liebte, sie hatte Freunde. Dann starb der Mann, sie überlebte zwei Kinder. Sie wurde hinfällig, und sie wünschte sich den Tod. Sie hatte ein Recht auf diesen Wunsch. Sie ließ einfach nicht alles mit sich machen. Sie konnte sterben wollen, weil ihr das Leben wichtig war, weil sie vom Leben mehr erwartete als organisches Funktionieren. Wie ich mir kaum einen

Christen vorstellen kann, der nicht zuzeiten an Gott zweifelt, so kann ich mir kaum einen starken und von der Schönheit des Lebens beeindruckten Menschen vorstellen, der nicht in den Zeiten der Dürre und der Versagungen des Lebens sterben will. Dies wäre der würdige Todeswunsch, der davon ausgeht, daß das Leben seine Qualität hat und nicht gleichgültig ist; daß es vom Tod unterschieden werden kann. Wer weiß, daß das Leben mehr ist als der Tod, der wird sich nicht mit jeder Form des Lebens einverstanden erklären.

Außerdem: Der Mensch hat ein Recht darauf, des Lebens müde zu werden. Das Leben ist Arbeit: Arbeit zur Erhaltung der äußeren Lebensmöglichkeiten, Arbeit an sich selber, Arbeit mit den Menschen, die man liebt und mit denen man umgeht. Von der Arbeit wird man müde. Wie ein Baum im Alter müde wird, Blätter zu treiben und Früchte zu bringen, so wird der Mensch im Laufe seiner Jahre müde, sich und seine Welt zu erarbeiten. Menschlich sterben zu können heißt auch sterben zu wollen, irgendwann genug zu haben, irgendwann nicht mehr den Jungen, Starken, Schönen spielen zu wollen. In religiösen Texten hat sich dieses »Es ist genug« immer ganz naiv ausgedrückt. Der Wunsch »den Aufenthalt der blassen Sorgen« zu verlassen, war ganz selbstverständlich. In einem Rezitativ aus einer Trauerkantate von Telemann heißt es vom Leben:

> »Du bist ein ungestümes Meer,
> das uns an keinen Hafen stellt,
> ein Kerker, der uns hart gefangen hält,
> ein Labyrinth, wo man in seiner Not kein Ende find't,
> ein Lazarett, wo man nur siech und krank,
> ein wüster Ort, wo stets ein kläglicher Gesang
> in die erschrocknen Ohren fällt.«

Das Leben als wildes Meer, als Kerker, als Labyrinth und als Lazarett – das ist nicht die ganze Wahrheit, aber es ist ein erheblicher Teil der Wahrheit, die man sich eingestehen muß, um sterben zu können. In der Telemann-Kantate folgt auf das Rezitativ ein schönes Arioso:

»Komm, sanfter Tod, du Schlafes Bruder,
komm, löse meines Schiffleins Ruder
und führe meines Lebens Kahn
ans Land der guten Hoffnung an,
wo stets Ruh und Freude lacht.«

Dies ist der natürliche Wunsch nach einem Feierabend: nicht mehr hart rudern zu müssen, am Land zu sein, angekommen zu sein, schlafen zu dürfen. In dieser natürlichen Lebensmüdigkeit kann ich keine Schwäche erkennen. Sie ist verdient nach langer Lebensarbeit. Sie bedauert nicht, daß man gelebt hat. Sie erklärt nur, daß es jetzt genug ist. Der Mensch ist des Lebens müde, aber nicht fasziniert vom Tod.

Es gibt einen Wunsch zu sterben, der eine völlig andere Voraussetzung hat: nämlich den Glauben daran, daß der Tod mehr ist als das Leben, daß das Leben erst durch Tötung errungen werden kann. In einer alten Geschichte aus der monastischen Tradition (»Mönche im frühchristlichen Ägypten«, übersetzt und eingeleitet von Suso Frank) wird von dem Mönch Paulus erzählt, daß er das Verlangen hatte, gerettet zu werden. Er geht zu einem Meister mit Namen Antonius, und der führt ihn auf den Weg der »Rettung«.

»Um seine Haltung zu prüfen, trug ihm Antonius auf: ›Bleib hier stehen und bete, bis ich zurückkomme und dir eine Arbeit anweise.‹ Dann ging er in die Höhle und beobachtete ihn durch die Fensteröffnung. Paulus blieb unbeweglich eine ganze Woche an der Stelle stehen. Dabei wurde er von der Hitze fast gebraten. Nach der einen Woche kam Antonius heraus und sagte zu ihm: ›Nun komm und iß!‹ Er richtete den Tisch und das Essen her und sagte zu Paulus: ›Setz dich, doch iß nichts bis zum Abend. Schau dir die Speisen nur an.‹ Der Abend kam, und Paulus hatte nichts gegessen. Antonius befahl nun: ›Steh auf und lege dich schlafen.‹ Paulus stand vom Tisch auf und tat so. Um Mitternacht weckte ihn Antonius zum Gebet, und er zog das Gebet bis zur neunten Stunde des Tages hin. Danach deckte er von neuem den Tisch und hieß ihn essen. Er hatte gerade den vierten Bissen Brot genommen, da hieß ihn Antonius wieder aufstehen, und ohne daß er noch Wasser trinken konnte, befahl er ihm, in der Wüste umherzugehen, mit den Worten: ›Nach drei Tagen komm wieder hierher zurück.‹ ... Als man einmal ein Gefäß mit Honig zu Antonius gebracht hatte, sagte dieser zu Paulus: ›Zerbrich das Gefäß und schütte den Honig aus.‹ Er tat so. Dann sprach Antonius zu ihm: ›Nun lies den Honig wieder auf mit einer kleinen Schale. Doch gib acht, daß du nicht auch den Schmutz mitnimmst.‹«

Der Mönch Paulus sucht seine Rettung. Er will eine größere Intensität und Radikalität des Lebens. Dieser Wunsch folgt dem Evangelium, das dazu rät, sich nicht abzufinden mit einem halben und kompromittierten Leben. Der Weg der Rettung, der ihm von seinem zweifelhaften Meister empfohlen wird und den er einschlägt, ist die Abtötung, ein Stück Selbsttötung: die eigenen Empfindungen, die eigenen Bedürfnisse, den eigenen Willen loszuwerden. Die »Rettung« wird in einer unglaublich herrischen Geste dem Leben gegenüber gefunden. Nicht Einverständnis mit dem Leben, mit sich selber, mit den eigenen Bedürfnissen wird gesucht, sondern Triumph über das Leben. Man kann nur leben, wenn man das Leben würgt, sagt uns der Text, wenn man es nahe am Tode hält.

In der Geschichte spielen zwei Gestalten: der Schüler, der sich das Leben nehmen und quälen läßt, und der Meister, der die Qualen verhängt. Während der Schüler »von der Hitze fast gebraten wurde«, sitzt der Meister in der Höhle und beobachtet ihn durch die Fensteröffnung. Masochismus und Sadismus sind nahe beieinander. Wer sich so behandeln läßt, wird mit ziemlicher Sicherheit selber einmal Meister in der Beherrschung von fremdem Leben. Wer sein eigenes Leben in der Nähe der Selbsttötung ansiedelt, wird auch keinen anderen Platz finden für das Leben der Menschen, mit denen er umgeht.

Dies ist eine alte Geschichte, aber sie hat ihre Neuauflagen. In den Leitlinien zur studentischen Erziehung während der Nazizeit stehen folgende Sätze: »Es ist nicht nötig, daß du lebst, wohl aber, daß du deine Pflicht gegenüber deinem Volk erfüllst... Was dich nicht umbringt, macht dich nur stärker« (P. Michael, Der neue deutsche Erzieher, Esslingen 1939, S. 20f.).

In einer amerikanichen Zeitung erschien vor einigen Jahren eine Anzeige, die junge Männer für einen »harten Job« suchte. Geboten wurde eine geringe Bezahlung. Gefordert wurde der vollständige Einsatz der Person, ein Leben unter gefährlichen Bedingungen. Im Text hieß es: »Wir versprechen nichts, wir fordern fast alles.« Die Inserenten konnten sich nicht retten vor der Anzahl der Bewerber auf die Stelle, für die nichts versprochen wurde.

Vielleicht liegt der Mönchsgeschichte, dem Nazisatz und den Gefühlen der Bewerber auf die Zeitungsanzeige eine richtige Vermutung zugrunde: Das Leben soll eindeutig sein. Es soll nicht in Undeutlichkeit und Ziellosigkeit verschlampen. Es soll absehbar sein, wozu man lebt. Aber die Eindeutigkeit wird nicht in der Mitte des Lebens gesucht, sondern an seiner Grenze. Das Spiel mit dem Tod soll dem Leben den Sinn geben, der in ihm selber nicht ersichtlich ist. Gegen die Opferung des Lebens scheint keiner Einspruch erheben zu können, es ist die reine Tat, die sich selber rechtfertigt.

Dies erinnert mich an die Versuchung Jesu. Der Teufel führt ihn nach Jerusalem, stellt ihn auf die Zinne des Tempels und sagt: »Bist du Gottes Sohn, so stürze dich von hier hinab! Denn es steht geschrieben: ›Er wird seinen Engeln deinethalben Befehl geben, dich zu bewahren, und sie werden dich auf den Händen tragen, damit du deinen Fuß nicht etwa an einen Stein stoßest!‹« Jesus antwortet ihm: »Es ist gesagt: ›Du sollst den Herrn, deinen Gott, nicht versuchen‹« (Lukas 4,9–12).

Der Teufel erscheint fromm. Er argumentiert mit der Bibel. Er sagt: Man muß doch probieren, ob man Gottes Sohn ist, ob das Leben trägt, ob das Ganze einen Sinn und ein Ziel hat. Die Probe aufs Exempel ist die Todesgefahr, der Rand des Lebens: Stürze dich hinab, und du wirst erfahren, ob du aufgefangen wirst. Das Leben soll sich durch die Möglichkeit des Todes beweisen. Das Leben am Rande des Todes zu suchen ist die Verwechslung von

Selbststeigerung und dem Durst nach Vollkommenheit, wie ihn die Bibel meint. Zwei Merkmale unterscheiden die biblische Vollkommenheit von der reinen Selbststeigerung:

Die Suche nach der biblischen Vollkommenheit geht immer davon aus, daß es einen vollkommenen Gott gibt. Das heißt, der Mensch, der sie sucht, braucht nicht bei sich selber anzufangen. Er ist geliebt, ist behütet, sein Leben hat schon ein Haus, ehe er es selber baut. Der Gott des Jesus Christus ist schon vollkommen für ihn. Und von diesem Gott kann den Menschen nichts scheiden, weder Leben noch Tod (Römer 8, 38f.). Der Tod hat darum keine entscheidende und konstituierende Wichtigkeit mehr für den Menschen. Er ist ein unbrauchbares Mittel der Lebenssteigerung. Der Mensch braucht sich nicht dauernd selbst zu gebären. Das Leben erschöpft sich nicht in seinen eigenen Versuchen. Es ist da, bevor der Mensch sich selbst erstellt. Theologisch gesprochen: Der Mensch lebt in der Gnade und im Ansehen Gottes vor jeder Selbsterarbeitung. Das gibt den Versuchen des Menschen beinahe etwas Spielerisches.

Die biblische Vollkommenheit zielt immer auf das Leben selbst. In der Bergpredigt, dem zentralen Aufruf zur Vollkommenheit, geht es nicht um eine Selbststeigerung, der jedes Mittel recht ist, auch das des Todes. Es geht um Frieden, um Barmherzigkeit, um Gerechtigkeit, um Gewaltlosigkeit, um die Freiheit und die Leichtigkeit des Menschen. Die Bergpredigt ist das Dokument des Schutzes des Lebens; keine Empfehlung, dieses zu verlassen. Die Radikalität und die Anstrengung, zu der die Bergpredigt verlockt, führen nicht über das Leben hinaus wie bei dem Mönch Paulus in der Wüste. Sie führen in das Leben hinein. Es ist die Anstrengung der Liebe des Lebens.

Die todessüchtige Selbststeigerung ist das, was die Bibel Unglauben nennt. Diese Selbststeigerung glaubt nicht an die Güte des Lebens und an das Haus, das schon gebaut ist. Sie kann nicht wohnen. Sie muß jagen, vorne sein, überwinden, übertreffen. Sie kann nicht spielen, sie muß sich dauernd selbst überholen. Gut ist, was man selbst gemacht hat. Und daran scheitert der Mensch. Denn man kann sich nicht selber machen. Die selbsterstellten Ergebnisse des Lebens können dieses nicht rechtfertigen.

Bei einer Party malen sich Studenten gegenseitig ihre Zukunft aus. Zu einem besonders kritischen Studenten sagt einer: »In 15 Jahren wirst du Oberkirchenrat sein.« Einer Feministin wird prophezeit: »Du wirst in 15 Jahren die erste Bischöfin sein!« Sie antwortet darauf in vollkommener Gewißheit: »In 15 Jahren wird keiner mehr von uns leben!« »In 15 Jahren?« sagt darauf ein anderer, »du meinst in 5 Jahren!«

In unserer Gesellschaft wächst die Überzeugung, daß es mit ihr nicht gut ausgehen wird, daß die Bombe fallen wird und daß die Zerstörung der Welt bevorsteht. Damit wächst der Wunsch, der Bombe zuvorzukommen und vor der Katastrophe zu sterben. Der Wunsch zu leben und die Kraft, das Leben höher zu schätzen als den Tod, sind ja nicht einfach da und selbstverständlich gegeben. Es gibt einige Grundgewißheiten, die gegeben sein müssen, damit man das Leben schätzen kann und damit die Todeswünsche nicht übermächtig werden. Eine wichtige Gewißheit dieser Art ist: Es wird eine Zukunft geben, die ich mitgestalten kann und in der Leben möglich ist.

Diese Grundannahme ist nicht mehr selbstverständlich. Mit dem Scharfblick derer, die die Zukunft nötiger haben als die Alten, wissen junge Menschen, was auf dem Spiel steht. Wie wir früher Goethe zitiert haben, so zitieren sie die Wirkung der Atomgranaten, die Strahlenschäden, die Spätfolgen, die Wirkung der Gasgranaten, die in unserem Land lagern. Diese Generation hat schon früh zu große Mengen von Todeswissen angesammelt. Es ist schon ein Unterschied, wenn ein Siebzigjähriger sagt: »Hoffentlich erlebe ich das nicht mehr!« und wenn ein Zwanzigjähriger das gleiche sagt. Der Siebzigjährige hat sein Leben gehabt. Der Zwanzigjährige lernt diesen Satz sprechen, ehe er zu seiner eigenen Fülle gekommen ist.

Dieses Todeswissen höhlt die Lebenswünsche aus, bei nicht wenigen bis zur äußersten Konsequenz des Selbstmords. Bei den meisten so, daß ihnen immer undeutlicher wird, warum sie etwas anstreben sollen: die Gestaltung des eigenen Lebens, ein Examen, eine Arbeit, einen Beruf, Kinder. Starke Lebenswünsche sind langfristige Wünsche. Sie vertragen die Versagung des Augenblicks und die Kränkung durch die Gegenwart, weil sie auf eine Zukunft setzen können. Was aber, wenn die fast absolute Skepsis der Zukunft gegenüber wie eine Seuche immer rascher um sich greift? Es wird dann die Gegenwart mit allen Wünschen, die man überhaupt für das Leben haben kann, befrachtet, sofern man nicht in absolute Apathie verfällt.

Die Erfüllungen eines ganzen langen Lebens werden sofort abgerufen. Man versucht, das ganze Bankkonto zu räumen, weil morgen die Bank Pleite macht. Damit aber wird die Gegenwart überfordert. Sie kann nur enttäuschen, weil von ihr zu viel erwartet wird. Enttäuschen muß die gegenwärtige Arbeit, die gegenwärtige Beziehung, der gegenwärtige Genuß. Die Totalität, die der Mensch in seinem Leben versuchen muß, braucht Zeit. Wo diese nicht mehr da ist oder wo nicht mehr an sie geglaubt wird, da wächst der Lebensunwillen, die Sehnsucht nach dem Tod. Die Kriegsverbrecher, die in den Regierungen und in den Generalstäben sitzen, müssen wissen, daß sie nicht nur mit dem physischen Leben ganzer Generationen spielen. Sie haben den Mut, die Hoffnung, die Lebensfähigkeit und die Seele der Menschen schon lange, bevor die Bombe fällt, beschädigt oder gestört. »Kriegsverbrecher« ist nicht ein Wort des Zornes, sondern eine genaue Bezeichnung für Menschen, die sich die Macht nehmen, Bomben zu planen, herzustellen und zu benutzen. Ihre subjektive Gutgläubigkeit steht hier nicht zur Debatte. Verbrecher nenne ich sie nicht wegen einiger böser Absichten. Angesichts der zukünftigen Opfer ist keine andere Bezeichnung möglich. Nicht wegen ihrer Gesinnung wurden Nazi-Generäle zu Kriegsverbrechern erklärt, sondern wegen der Opfer, die diese Gesinnung und diese Politik hervorbrachten.

Die Todessehnsucht, die entsteht, weil die Zukunft nur noch als Zerstörung absehbar ist, unterscheidet sich grundsätzlich von den würdigen Wünschen nach dem Tod, die ich am Anfang beschrieben habe. Sofern ein Mensch wirklich leben durfte, hat er eine erwachsene

Demut gelernt, in der er sagen kann: Ich bin nicht alles; mein Tod setzt das Leben und den Sinn der Welt nicht aufs Spiel. Er hat gelernt: Es geht auch ohne mich weiter! Dies nicht als einen Satz bitterer Resignation, sondern als einen Satz des Glaubens, daß der Sinn des Ganzen mehr ist als mein irdisches Leben.

Diesen Glaubenssatz haben Menschen in vielen Varianten ausgesprochen: daß sie in ihren Nachkommen weiterleben; daß sie in der Sache, die sie vertreten haben, fortleben; daß ihr Leben, auch wenn sie gestorben sind, in der Hand Gottes aufbewahrt ist. »Es geht weiter!« Diese Worte sind Ausdruck des Glaubens an den Zusammenhang des Lebens; sie finden sich immer wieder in den Abschiedsbriefen derer, die in der Nazi-Zeit ermordet wurden.

In den theologischen Seminaren stoße ich immer öfter auf folgende, zunächst naiv klingende Frage: Was ist mit Gott, wenn die Atombomben wirklich fallen und damit der größte Teil, oder zumindest ein großer Teil des Lebens ausgelöscht ist? Existiert Gott dann noch? Was heißt es, daß er dann noch »lebt«? Diese Frage ist nicht naiv. Der Frager weiß, daß der Zusammenhang des Ganzen auf dem Spiel steht, wenn wesentliche Teile des menschlichen Kollektivs ausgelöscht und verstümmelt werden. Es gehört wohl sehr viel theologischer Zynismus dazu, auch einen solchen Tod noch sinnvoll zu interpretieren.

»Was ist mit Gott?« Dieser Glaubenszweifel erhebt sich nicht erst, wenn die Bombe gefallen ist (sofern dann noch einer zum Zweifeln übrig ist!). Er wächst mit jeder Waffe, die aufgestellt wird, das Leben in seiner Gesamtheit zu bedrohen. Wer dem Glauben eine Chance geben will, der wird die alten Geschichten des Christentums vom guten Ausgang des menschlichen Lebens wiederholen und arbeiten gegen den Unglauben, der in den Bomben schon seine Gestalt angenommen hat.

6. Gesten

Sprache der unausspechlichen Wünsche

*Warum brauchen Glaube, Hoffnung und Liebe
Expressionen, Gesten, Bilder?
Vielleicht deswegen, weil dort, wo unser Glaube
und unsere Hoffnung auf dem Spiel stehen,
immer mehr erwartet wird und mehr versprochen
werden muß, als in einer beschreibenden
Sprache ausgedrückt werden kann.
Glaube und Hoffnung transzendieren das, was ist.*

In der Kriminalgeschichte »Mr. Dilbys Fahrplan« schildert Margaret Manners, wie ein Mann seiner unbewältigbaren und chaotischen Welt Ordnung und Sinn zu verleihen versucht, indem er sich mit einem Zeremoniell umgibt, dem er sich völlig unterwirft.

»Horace war von dem besessen, was er ›Plan‹ nannte. Das Leben war für ihn ein Chaos aus Formen, die sich miteinander vermischten, etwa wie das Muster eines orientalischen Teppichs. Aber es gab doch einen Unterschied. Wenn man einen Teppich anstarrte, konnte man häufig zu seiner Bedeutung vordringen, eine gewisse Ordnung finden. Im Leben dagegen war man lediglich Teil eines unergründlichen Planes. Nie wußte man, wo man war, noch wußte man, wann die Pläne einen in vollständige Verwirrung stürzen würden... Er besaß jedoch ein System, seine Angst in Grenzen zu halten. Vielleicht ein armseliges, kleines konstruiertes System, aber immerhin trug es ihn sicher von Minute zu Minute. Und wenn es auch die Enge einer Zwangsjacke besaß, war ihm diese Enge wegen der Sicherheit, die sie ihm bot, doch willkommen. Denn Horace hatte einen eigenen Plan erfunden, und er folgte ihm Tag für Tag... Wie konnte man eine Schachfigur in den Händen des Zufalls sein, wenn man wie ein Zug in vertrauten Gleisen lief, an vorbestimmten Stationen hielt und immer rechtzeitig abfuhr oder ankam? Seit seiner Kindheit hatte er Schritte gezählt, war er an Zäunen entlanggeklappert und war er über Risse im Pflaster gesprungen. So war es nur natürlich, daß das Zählen der Schritte und die Beachtung von Minuten zur Grundlage seines Fahrplans wurden, da Raum und Zeit das Wesen aller Fahrpläne sind.«

Es wird danach geschildert, wie der Mann seine Zeit einteilt, sein Verhalten genau ritualisiert, Ereignisse genau herbeiführt oder vermeidet; wie er die Anzahl seiner Schritte zum Bahnhof festlegt, wie er abends immer zur gleichen Zeit seine Haustür aufmacht. Es heißt dann weiter:

»Hatte Horace sein tägliches Quantum an Plänen erfüllt, fühlte er sich sicher oder hatte zumindest das Gefühl, im voraus für einen gewissen Spielraum an Sicherheit bezahlt zu haben. Gelang es ihm nicht, war das Leben leer und fürchterlich.«

Die Lebensauffassung dieser Figur kann man in folgenden Sätzen beschreiben:
– Die Welt ist verhängt, und der Mensch ist »nur ein Teil eines unergründlichen Planes«.
– Was wirklich vor sich geht, kann nicht durchschaut und wahrgenommen werden.
– Nicht durch Rationalität und menschliche Bearbeitung kann das Leben gelebt werden; es kann nur durch magische Praktiken gemeistert werden.
– Meidung ist der Hauptgestus dem Leben gegenüber: Das Leben wird nicht geliebt, sondern vermieden.

Das Leben, das als chaotisch gedacht und erfahren wird, bekommt seine künstliche Ordnung: im Falle von Mr. Horace Dilby durch die Ritualisierungen des Zwangsneurotikers. Die Ritualisierung, die Festlegung des Lebens in bestimmten Gesten sind wie eine künstliche Sinnverleihung: Was als sinnlos erfahren wird, dem wird in den Ordnungen der Schein des Sinns verliehen. Was in sich selber undeutbar ist, dem werden gewaltsame Deutungen auferlegt.

»Hatte Horace sein tägliches Quantum an Plänen erfüllt, fühlte er sich sicher oder hatte zumindest das Gefühl, im voraus für einen gewissen Spielraum an Sicherheit bezahlt zu haben. Gelang es ihm nicht, war das Leben leer und fürchterlich.«

Solche gewalthaften Sinnverleihungen, die in Wirklichkeit Leben verhindern, statt es zu deuten, sind nicht nur die Rituale der Zwangsneurotiker. Die Etikettierung des Lebens, und damit seine Verhinderung, kann mit vielen Mitteln betrieben werden, auch mit dem der Sprache. Bilder können ebenso im Dienst der Zeremonialisierung des Lebens stehen, statt im Dienst seiner Bewältigung. So verstehe ich die Geschichte vom Goldenen Kalb in 2. Mose 32: »Als aber das Volk sah, daß Mose lange nicht vom Berge herabkam, sammelte es sich um Aaron und sprach zu ihm: Auf! Mache uns einen Gott, der vor uns her ziehe; denn wir wissen nicht, was dem da zugestoßen ist, dem

Mose, dem Mann, der uns aus dem Lande Ägypten herausgeführt hat. Aaron sprach zu ihnen: Reißt die goldenen Ringe ab, die eure Frauen, eure Söhne und Töchter an den Ohren tragen, und bringt sie zu mir her. Da rissen sich alle Leute die goldenen Ringe ab, die sie an den Ohren trugen, und brachten sie zu Aaron. Und er nahm das Gold aus ihrer Hand, goß es in eine Tonform und machte daraus ein gegossenes Kalb. Da sprachen sie: Das ist dein Gott, Israel, der dich aus dem Lande Ägypten heraufgeführt hat.«

Das Volk in der lebensbedrohenden Wüste, weg schon vom reinen Überleben in Ägypten, aber noch nicht im Leben, kann die Gestaltlosigkeit seines Gottes nicht ertragen. Es macht sich ein Bild von seinem Gott. Wie Mr. Dilby in der Kriminalgeschichte es sich hat Zeit und Mühe kosten lassen, sich seines Lebens in Zeremoniellen zu versichern, so bannt das Volk seine Ängste vor dem Chaos in das Bild vom goldenen Stier, dem Symbol der Macht und Sicherheit.

In der Geschichte der Religionen finden wir immer wieder die Bewegung der Angst mit ihren bannenden Gesten und die Bewegung des Vertrauens und des Glaubens, die diese Gesten sprengt. Die Angst zeremonialisiert die Welt, teilt sie ein in viele Segmente, macht sie übereindeutig, knüpft Sinn und Heiliges an heilige Orte, heilige Zeiten, heilige Personen, heilige Zeichen, unverletzbare Rituale, die sich nicht mehr von ihrem Inhalt her rechtfertigen lassen, sondern ihren Sinn im reinen Vollzug haben. Die Angst kann nicht spielen mit den Zeichen. Diese werden zu eisernen Notwendigkeiten. Religiöse Rituale dieser Art gleichen den Vermeidungsspielen der Kinder, die eher magische Praktiken als Spiele sind: »Wenn es mir gelingt, die Ritzen zwischen den Pflastersteinen zu vermeiden, dann wird der Lehrer nicht entdecken, daß ich meine Hausaufgaben nicht gemacht habe!« Ein Zustand des Gelingens oder des Glücks wird also herbeigeführt durch magische Meidung. Die aus der Angst diktierten religiösen Rituale kann man an zwei Merkmalen leicht erkennen: Denken und Lachen sind in ihnen verboten. Rationalität, Aufklärung und Nüchternheit sind nicht mehr erlaubt. Das Ritual kann nicht aufgeschlüsselt und in seiner Zeichenhaftigkeit übersetzt werden. Es soll vollzogen und nicht verstanden werden. Die Geste hat keine Sprache. Das Ritual ist nicht mehr Expression der menschlichen Wünsche und Hoffnungen, sondern Mittel, etwas zu erreichen. Die Rechtfertigung des Lebens liegt im Zeremoniell. Darum werden seine Verletzungen so empört aufgenommen. Sie sind Infragestellungen eines künstlichen und ängstlich gehüteten Sinnes.

Die Bewegung des Vertrauens und des Glaubens, die ein solches Zeremoniell sprengt und entlarvt, findet sich in allen religiösen Ursprungssituationen: bei den Propheten, bei Jesus, bei den Reformatoren, bei vielen Ketzern und Randgruppen in der Kirche. Dieser ursprüngliche Glauben tendiert dahin, Bilder, festgelegte Zeichen, ritualisierte Abläufe zu durchbrechen oder zu vernachlässigen oder zu verhöhnen. Ich erinnere hierbei an die jesuanische Kritik der für heilig gehaltenen Traditionen; an die Kritik der Eingrenzung der Welt in Reines und Unreines, Heiliges und Profanes. Unter den Vorwürfen gegen österreichische Waldenser wurden von der Inquisition im Mittelalter folgende erhoben, die genau die jesuanischen Entritualisierungstendenzen aufweisen: »Sie glauben, der Friedhof sei nicht heiliger als ein gewöhnlicher Acker ... Sie glauben, eine Kirche sei nicht heiliger als ein gewöhnliches Haus ... Einen geweihten Acker halten sie nicht für heiliger als einen beliebigen Steinhaufen ... Sie verdammen und verwerfen den Ornat und die Paramente der Priester ... Sie sagen, in einem Stall oder in einer Scheune dürfte man geradeso beten wie in einer Kirche ...«

Theologisch steht bei diesen Ansichten der Waldenser nichts Ernsthaftes auf dem Spiel. Aber die Durchbrechungen der Zeremonialisierung der Welt wird in sich als Verbrechen empfunden, weil in der Verletzung des Zeremoniells die Leugnung dieses künstlichen Sinnes geschieht. Jede religiöse und politische Radikalität hat auch immer bilderstürmerischen Charakter. Eines der schönsten Beispiele bilderstürmerischer Radikalität habe ich in Amerika erlebt: Eine alte Frau, eine Quäkerin, war als

Zeugin vor Gericht. Vor dem Richter sollte sie bei der Befragung aufstehen. Sie weigerte sich aus religiösen Gründen: »Vor einem Menschen stehe ich nicht auf. Gott ist der große Gleichmacher. Darum soll es unter den Menschen keinen Unterschied der Ränge geben.« Sie wurde daraufhin für ein paar Tage ins Gefängnis gesperrt. Jede Institution hat ihre Bilder und Symbole des Sinnes, den sie spendet: die Kirchen, die Schulen, die Universitäten, die Krankenhäuser, die Gerichte. Je weniger Sinn sie zu spenden haben und je fragwürdiger der Sinn ist, den sie spenden, um so stärker pochen sie auf die Einhaltung des Zeremoniells.

Entzeremonialisierung, Entbilderung und damit Entzauberung des Lebens können also Gesten religiöser oder politischer Radikalität sein. Sie sind nicht wegzudenken von neuen Lebensentwürfen, weil sie anarchistisch sind, das heißt Herrschaft und Bannung aufzuheben versuchen; weil sie das Leben gegen das Scheinleben, den Sinn gegen den Scheinsinn behaupten und verteidigen; weil sie Wirklichkeit aufdecken und damit bearbeitbar machen.

Aber Bilderstürmerei kann nicht alles sein; sie hat ihre Grenze, weil sie im wesentlichen ein negativer Gestus ist: der Gestus des Entlarvens, des Demaskierens, der Gestus der notwendigen Verhöhnung des Falschen und Verlogenen. Doch von der Entlarvung allein kann der Mensch nicht leben. Über die Attitüde der apokalyptischen Ablehnung der Welt kämen wir damit nicht hinaus.

Jesus hat nicht nur entlarvt. Er hat auch gemalt, versprochen, entworfen, eingesetzt, geordnet, abgegrenzt. Er hat Gesten, Symbole, Ausmalungen des neuen Lebens versucht und neue Bedeutungen gesetzt. Er hat nicht nur neue Begriffe und neue Wörter gefunden. Er hat das Leben neu inszeniert. Er ist nicht ohne die Dramatisierung des neuen Lebens ausgekommen. Er hat nicht nur gesagt: Gott liebt euch und liebet einander. Er hat dieser Liebe sein Pathos gegeben, seinen Tanz, seinen Ausdruck und seine Sinnlichkeit. Er war ein Prediger und Dramaturg. Er hat nicht nur Freundschaft gestiftet, sondern auch Gesten dieser Freundschaft erfunden und ihr Zeichen gesetzt: Brot und Wein, Öl und Wasser, Segnungen und Umarmungen, Fußwaschung und In-den-Sand-Schreiben, Fasten und Trinken wurden zu neuen Gesten des Lebens. Die Erotik des von ihm gestifteten Lebens nahm Gestalt an in der Sinnlichkeit der Zeichen. Erotisch ist ein Zeichen dann, wenn es noch nach dem Leben riecht, das es ausdrücken soll, wenn also Freude oder Trauer, die Hoffnung oder die Verzweiflung, die Liebe oder der Haß an ihm noch unmittelbar ablesbar sind. Ein solches Zeichen braucht nicht viel an zusätzlicher Deutung. Was darin ausgedrückt werden soll, ist fast unmittelbar einleuchtend. Denken wir etwa an die Fußwaschung nach dem Abendmahl. Jesus hat mit seinen Freunden gegessen. Sein Verrat und sein Tod stehen bevor. Er steht auf, er berührt seine Freunde, er wäscht ihre Füße. Die Hoffnung, die Freundschaft und die Trauer sind am Zeichen selber ablesbar. Zusätzliche Erklärungen würden die Intensität der Geste eher auflösen als bereichern. Bei Johannes selber, der uns die Szene berichtet, wird ihre Dichte durch die nachträgliche moralisierende Interpretation eher wieder aufgelöst.

Erotische Armut der Zeichen und Rituale sind immer Signale ihres Todes. Das scheint mir der Hauptunterschied zwischen den zu stürmenden alten Bildern und den neuen jesuanischen Entwürfen und Zeichen: der fehlende Eros bei den ersteren und der Überfluß an Eros bei den letzteren. Ich erinnere noch einmal an die Ausgangsgeschichte von Mr. Dilby: Sein Hauptinteresse bei seinem »Plan« ist Nicht-Berühren, Meiden, Sterilität, Leidenschaftslosigkeit, Ordnung, Reibungslosigkeit, Schmerzlosigkeit, Leblosigkeit, Farblosigkeit. Die Neuinszenierung Jesu lebt von Umarmung, Berührung, Nähe, Überfluß und Exzessivität (einen Fresser und Säufer nannten sie ihn, einen Freund der Huren und Zöllner), von Grenzüberschreitungen und von Sinnlichkeit. Nicht der korrekte Vollzug war für ihn wichtig, ein Moment von äußerster Dringlichkeit bei Mr. Dilby, sondern das Leben selbst, das in die Zeichen drängt. Funktionieren bei Mr. Dilby, Spielen bei Jesus, Absicherung und Einteilung dort, Mitteilung und Verschwendung bei Jesus.

Daraus ergibt sich also: Bilder, Gesten, Zeichen und Symbole für das Leben wird es immer geben. Die Frage ist nur: Sollen sie das Leben ersetzen wie Mr. Dilbys »Plan«, oder sind sie Expressionen und Inszenierungen, die aus der Liebe zum Leben, aus der Wahrnehmung des Lebens stammen und dieses vorantreiben? Ob Symbole und Gesten das Leben fördern, hängt vom Grundgefühl dem Leben gegenüber ab, das einer hat. Können sich Menschen als reich erfahren, ein Grundvertrauen ins Leben gewinnen, dieses nicht als chaotisch und unübersichtlich interpretieren, dann werden die Lebensgesten selbst wiederum lebensstiftend. Ist das Grundgefühl dem Leben gegenüber Angst, Ohnmacht und Schrecken vor der Zukunft, dann werden die Lebensgesten auch noch den Rest von Leben vermindern.

Warum braucht Sinn die Sinnlichkeit? Warum brauchen Glaube, Hoffnung und Liebe Expressionen, Gesten, Bilder, Ausschmückungen? Vielleicht deswegen, weil dort, wo unser Glaube und unsere Hoffnung auf dem Spiel stehen, immer mehr erwartet wird und immer mehr versprochen werden muß, als in einer beschreibenden Sprache ausgedrückt werden kann. Glaube und Hoffnung transzendieren das, was ist. Und so bedürfen sie der unabgeschlossenen Zeichen mehr als der systematischen und kärglichen Sprache.

Sich in dem Sinn des eigenen Lebens zu symbolisieren, sich in Bildern zu entwerfen, das ist nicht einfach eine Verdoppelung der Sprache, so als käme – etwa der Anschaulichkeit wegen – nun zur Sprache auch noch das Bild oder die Geste, als unterstreiche die Geste nur noch das Gesagte. Wir erobern die Welt auf zwei Weisen: einmal, indem wir sie versprachlichen, indem wir gegen die chaotische, stumpfe Sprachlosigkeit kämpfen, indem wir lernen, uns auszudrücken, unsere Wünsche, unsere Gefühle, unsere Hoffnungen, unsere Ängste, unseren Zorn und unsere Liebe zu benennen; zum anderen, indem wir über das in Worten schon Eingedeichte hinaus Zeichen und Gesten versuchen, die nach mehr ausgreifen und die mehr erwarten, als was schon erreichbar ist.

Wenn sich zwei Menschen lieben, dann wird ihre Liebe nur dauern, wenn sie sich ihre Gefühle ausdrücken, ihre Wünsche sagen, ihre Befürchtungen äußern. Das wäre die notwendige Versprachlichung der Liebe. Aber Liebende brauchen auch Tänze und Bilder. Gerade in der Sprache der Liebenden sehen wir, wie die Sprache selber ins Bild und in die Geste drängt, weil sie mit sich selber nicht auskommt. Die Sprache der Liebe sprengt sich selber: »Du bist mein Baum«, sagen sie sich. »Du bist meine Sonne. Ohne dich bin ich tot. Du bist mein Alles. Mein Wind.« Die Sprache sprengt sich und fängt an zu tanzen. Aber der Tanz geht weiter über die Sprache hinaus: Liebende brauchen Gesten, Zeichen, Berührungen, Tränen, Miteinander-Schlafen, Geschenke, die sie sich machen. Die Liebe würde veröden, wenn sie sich auf das Sagbare beschränkte.

Einer meiner Vorbehalte dem deutschen Protestantismus gegenüber ist sein gestischer Analphabetismus. Überlegen wir den Normalfall eines protestantischen Gottesdienstes: Zunächst ist der gottesdienstliche Raum zentriert auf die Kanzel. Er hat wenig Schmuck außer Kanzel und Altar, keine anderen Fixpunkte, es ist ein zentralistischer Raum. Er lädt nicht zum Handeln ein, sondern nur zum Zuhören. Er lädt nicht zum Gehen ein, somit fehlt Bewegung. Sitzen und stehen sind die einzig möglichen Haltungen. Da die Gemeinde vor allem hörende Gemeinde ist, gewinnt der Pfarrer, der die Gemeinde in Predigt und Gebet formuliert, ein größeres Gewicht als der katholische Priester. Die Gemeinde ist ihm, gerade weil der Gottesdienst nicht so gesetzlich geordnet ist wie der katholische, weit mehr ausgeliefert als im Katholizismus. Im protestantischen Gottesdienst ist die verbale Formulierung klarer und eindeutiger als im Katholizismus. Damit ist die Gefahr der Vagheit und Undeutlichkeit des schlechten Symbols geringer. Die Predigten sind besser, wenn auch länger. Aber es fehlen Farben, Gerüche, Bewegungen, Tänze. Mit einem protestantischen Gottesdienst assoziiere ich »Ordnung«. Nicht nur der Gottesdienst ist sinnlich verarmt. Es gibt im Protestantismus in Deutschland – abgesehen von einigen geschlossenen Gebieten – kaum Volksfrömmigkeit. Reformation und Aufklärung haben dafür gesorgt, daß dem sogenannten Heidentum der Boden entzogen wurde. Der Protestantismus wurde ein Theologen- und Intellektuellenglaube. Mit Abwesenheit von Heidentum meine ich folgendes: Die Theologie des Protestantismus wurde immer besser, reiner, aufgeklärter, rationaler. Aber in der Spiritualität des Protestantismus sind die Gesten des Volkes nicht mehr enthalten. Der Partner der protestantischen Theologie, mit dem sie im Gespräch steht und auf den hin sie denkt, ist die Universität, nicht die Gemeinde, nicht das Volk. Für mich ist die Erfahrung immer noch verblüffend, daß an evangelischen Fakultäten so wenig Einübung in Frömmigkeit, in Bräuche, in Ausdrucksformen von Religion, in Traditionen geübt wird.

Teilweise anders ist es im Katholizismus. Da gibt es zwar die römisch verordnete Theologie, zum Teil mit Fragestellungen, die so zwanghaft sind, daß man sich schämt, einmal ernsthaft darüber nachgedacht zu haben. Man lese dazu einmal aus der Einführung im Missale Romanum das Kapitel »Ritus servandus in Celebratione Missae«. Aber es gibt da auch das von Rom nicht auszurottende Unkraut der Volksreligion. Die schmuddelige und sicher zum Teil auch opiatische Religion der Leute. Da gibt es – zwar immer weniger – Bilder, Statuen, Weihen, Segnungen, Kräuter, Fahnen, Weihwasser, Lourdeswasser, Jordanwasser, Reliquien, Rosenkränze, Bildchen; es gibt Nippes und Kitsch. Wie fragwürdig und wie opiatisch auch immer – aber das Volk hat seine Gesten eingebracht, zum großen Teil gegen den Willen römischer Ordnungsfanatiker. Es sind Gesten, die sich weigern, sich beurteilen zu lassen von einem Standpunkt abstrakter theologischer Richtigkeit; es sind Gesten, die die Wünsche, die Hoffnungen und die Leiden des Volkes ausdrücken. Protestantismus ist Hochsprache; Katholizismus ist eine Ansammlung von Dialekten, nur mühevoll durch ein formales römisches Band zusammengehalten.

Die Selbstdarstellung des Menschen in gestischer Sprache, im Symbol, im Spiel hat eine doppelte Funktion, eine heilende und eine antezipatorische. Heilend wirkt das Symbol dadurch, daß der Mensch seine Konflikte nicht zu verdrängen und seine Wünsche nicht zu verleugnen braucht. Sie werden offen, für ihn und die Gemeinde einsehbar. Der übergroße Druck, den Wünsche und Konflikte erzeugen, wird gemildert, und sofern er sie in einem sozialen Zusammenhang darstellt, kommt er aus seiner Vereinzelung heraus und teilt sich mit; er erkennt, daß andere die gleichen Wünsche und Schmerzen haben. Das braucht er nun nicht in einer übergroßen verbalen Anstrengung zu tun, er braucht sich nicht völlig auszuformulieren. Die Wörtlichkeit, die Formulierfähigkeit des Menschen erreicht ja nur die schon bewußtseinsoffenen Wünsche und Konflikte, die verdeckten werden übergangen. Der Gestus, das Symbol ist darin barmherziger, indem es auch dem zu einer Selbstformulierung verhilft, der mit der Sprache nur beschränkt umgehen kann. Das Symbol schafft somit eine Gemeinsamkeit zwischen dem Sprachbegabten und dem Sprachlosen.

Die zweite Funktion des Gestus ist die antezipatorische, die der Stärkung der Hoffnung, der Ausrichtung auf die Zukunft und ihre spielerische Vorwegnahme. Wie im Spiel hebt der Mensch oder die sich symbolisch äußernde Gemeinde ihre Beschränkung auf die Gegenwart auf. »Das Spiel erlaubt ein periodisches Heraustreten aus den Prozessen festgesetzter Beschränkung, die die Realität des Menschen sind« (Erik H. Erikson). Das Gesetz der Gravitation zum Beispiel kann das Kind überwinden, indem es schaukelt, springt, klettert. Aus der sozialen Realität kann es heraustreten, indem es sich in verschiedene Rollen gibt. aus der Zeit tritt es heraus, indem es Rollen vorwegnimmt, zu denen es erst im späteren Leben genötigt ist. Es spielt den Sieger, wo es besiegt ist; den Starken, wo es schwach ist; den Mutigen, wo es ängstlich ist. Wenden wir dies auf das Symbol an, so können wir sagen: Das Symbol ist ein Instrument, das Zukunft in die Beschränkung der Gegenwart bringt. Es stellt die Gegenwart dar, aber als eine zu überwindende, als eine, die vor einer besseren und erhofften Zukunft nicht bestehen kann. Schmerz wird dargestellt, aber ebenfalls seine Überwindung. Sündersein wird dargestellt (indem man an die Brust klopft, bekennt, kniet), aber als etwas Vergängliches und Überholbares. Unheil wird erkannt, aber die Hoffnung auf Heil ist so stark, daß es schon als gegenwärtiges gespielt wird. Symbol und Spiel bewerkstelligen Freiheit und Zukunft nicht, aber sie sind ihre Vorwegnahme und Einübung. Die Differenz zwischen der gebrochenen Gegenwart und der erwarteten besseren Zukunft macht die Dynamik des Symbols aus.

Woher nimmt nun das Symbol die Kraft, Hoffnung vorwegzunehmen und Zukunft einzuüben? Diese Kraft schöpft es aus der Erinnerung an realisierte Hoffnung, aus der Erinnerung also an schon erfahrenes Heil. Am Anfang seines Lebens hat der Mensch keine Hoffnung und keine Erwartungen, nicht nur deshalb, weil er von seiner intellektuellen Entwicklung her nicht in der Lage ist, Erwartungen zu haben. Er hat keine Erwartungen und Hoffnungen, weil er keine Erfahrungen hat. Ein Säugling ist ganz seiner Gegenwart ausgeliefert, er empfindet alles als endgültig, das Lachen, das Weinen, den Hunger, die Anwesenheit oder Abwesenheit der Mutter. Die kontinuierliche Erfahrung, daß Menschen sich ihm zuwenden, daß sie ihn trösten, daß sie ihm zu essen geben, bildet sich im Laufe seiner Entwicklung zu einer Erinnerung, die verhindert, daß der Mensch nur situativ reagiert, also jedesmal dem vollen Schmerz, der vollen Verzweiflung oder dem vollen Enthusiasmus ausgeliefert ist. Das Kind registriert den Schmerz, aber es hat auch im Laufe seiner Erfahrungen registriert, daß die Mutter ihm in ähnlichen Situationen immer wieder zu essen gegeben hat; daß sie es angeschaut hat, wenn es weinte; daß sie wiedergekommen ist, wenn es verlassen war. Es hat sich in ihm die Erinnerung an die Begrenztheit des Übels verdichtet. Je größer diese Erfahrung von Zuwendung, je größer das erinnerte Heil, desto stärker ist das Bewußtsein: Das, was jetzt ist, ist nicht endgültig, es wird sich ändern, man wird mir helfen, man wird mich nicht in meiner Verlassenheit belassen. Je größer die Erinnerung, desto größer die Erwartung, desto größer die Fähigkeit zu hoffen. Umgekehrt, je weniger ein

Mensch an Zuwendung erfahren hat, an Vertrauen und Wärme, desto geringer ist seine Fähigkeit, sich zu einer augenblicklichen Situation distanziert und gelassen zu verhalten, desto weniger wird er sie in Hoffnung transzendieren können.

Nun gibt es aber nicht nur die Erinnerung an persönlich und privat erfahrene Zuwendung, es gibt auch kollektive Heilserinnerungen: Eine Gruppe von Menschen, die dieselben ideellen Voraussetzungen, dieselbe Tradition hat, die gleiche Sprache spricht, erinnert sich an das in ihrer Geschichte erfahrene Heil und gewinnt damit Distanz zu der eigenen Gegenwart. Der Augenblick verschluckt sie nicht mehr, sie kann Hoffnung schöpfen und hat Gewißheit für die Zukunft. Dementsprechend haben wir in der jüdischen und christlichen Tradition so viele Gebete, die Erfahrungen von Heil erinnern. Das sogenannte alttestamentliche Credo (5. Mose 26,5–9) bekennt nicht Wahrheiten im Sinne von objektiven Geschehnissen, sondern erinnert die Heilserfahrung einer Gruppe: »Ein umherirrender Aramäer war mein Vater; der zog hinab mit wenig Leuten nach Ägypten... Aber die Ägypter bedrückten uns... Der Herr sah unser Elend und unsere Bedrückung.« Entsprechend fangen auch viele Bittgebete mit Erinnerungen an. Die Fähigkeit zu bitten setzt Erinnerung an erlangte Erhörung voraus. So knüpft in Psalm 40 die Bitte an eine Erinnerung von Errettung an: »Er zog mich aus der Grube des Verderbens (3)... doch jetzt bin ich arm und elend, Herr, eile zu mir (18).« Oder die Bitte steht zuerst und endet in Lob, weil in Hoffnung und Gewißheit, so in Psalm 69: »Hilf mir, Gott, denn die Wasser gehen mir bis an die Seele... ich will den Namen Gottes preisen im Lied... denn der Herr erhört die Armen, und seine Gefangenen verachtet er nicht.« Gott wird belangt bei dem, was er dem Volke getan hat: »Führe uns heim,... denn du hobst aus Ägypten einen Weinstock aus, vertriebest Heiden und pflanztest ihn an ihre Stätte« (Psalm 79,9). Die eine erinnerte Heimführung wird zur Hoffnung auf die andere, jetzt nötige.

Stärker noch als im Sprachsymbol wird im gestischen

Symbol Kontinuität und Hoffnung ermöglicht, da das gestische Symbol eine Verdichtung und Intensivierung von Sprache ist. Im gestischen Symbol ist eine Vielzahl von Begriffen, Bildern in einem einzigen umfassenden Ausdruck zusammengezogen, ohne daß das Symbol durch die Einzelinhalte völlig definiert werden könnte. Das gestische Symbol hat einen dramatischen Charakter. Es steigert die Affekte des Handelnden. Das Sprachsymbol sagt die Hoffnung oder den Schmerz oder den Wunsch, das gestische Symbol tanzt Hoffnung, Schmerz und Wünsche. Mit dem stärkeren Affekt stellt das Symbol auch dichtere Gemeinschaft mit allen her, die das Symbol mitvollziehen. Es ist ein Unterschied, ob Menschen in Worten bekennen, daß sie Gemeinde Jesu Christi sind, oder ob sie im Namen Christi miteinander essen und trinken und damit ihre Gemeinschaft gestisch ausdrücken.

Ein weiterer Vorteil des gestischen Symbols ist, daß es barmherziger ist für den, dem es die Sprache verschlagen hat, oder für den, der noch keine Sprache gefunden hat. Das sozial anerkannte und von der Gemeinde verstandene Symbol kann den Menschen auch dort formulieren, wo er sich in Worten nicht mehr fassen kann, weil seine Schmerzen zu groß sind oder seine Konflikte zu stark. Dort, wo er keine Worte mehr findet, kann ihn der Gestus noch ausdrücken.

Der dritte Vorteil ist die Tatsache, daß die Subjektivität des Menschen, die persönliche Erfahrung und die Breite seines eigenen Lebens im Gestus mehr Platz haben als im Wort. Das Symbol ist in seiner Bedeutung nie ganz genau. Es ist in seinem Inhalt weniger klar umrissen und bestimmt als die Sprache. Darum kann es eine Gemeinde als ganze anerkennen und verstehen, jeder einzelne aber färbt es mit seinen eigenen Lebenserfahrungen. Es läßt dem Subjekt also einen breiten Spielraum.

Werden wir in unseren Kirchen noch einmal zurückfinden zu würdigen Gestaltungen unserer Wünsche und Hoffnungen? Die Kreativität des Menschen, die Fähigkeit, seine Wünsche zu nennen, seine Träume zu haben, seine Hoffnungen zu inszenieren, ist abhängig von seiner sozialen Situation. Die Art der Organisation einer Gesellschaft formt nicht nur die Inhalte von Träumen. Sie entscheidet auch über die Traumfähigkeit, die Wunschfähigkeit, über die Fähigkeit der gestischen Inszenierung des Lebens. Sie entscheidet über das Vermögen, dem eigenen Glauben zu Symbolen und Zeichen zu verhelfen.

Die Strukturen, die die gestischen Fähigkeiten bedrohen, hat Pasolini Konsumismus genannt. Als Bild für das, was er mit diesem Begriff meint, könnte man eine um den Fernseher versammelte Familie nehmen. Die Mitglieder sitzen zusammen, aber sie kommunizieren nicht miteinander. Sie sind stumm. Ihre Augen sind zwar auf ein Gemeinsames gerichtet, auf den Fernsehschirm. Aber das Gemeinsame verbindet sie nicht. Sie bewegen sich nicht, sie sitzen. Nicht einmal um das Programm zu wechseln, muß jemand aufstehen. Das kann durch eine Drucktaste erledigt werden. Sie essen und trinken beim Zuschauen. Aber jeder für sich. Das Trinken drückt keine Gemeinsamkeit mehr aus, sondern eher autistische Verlorenheit. Sie sind passiv und rezeptiv wie Säuglinge. Sie leben nicht, sondern schauen dem ins Haus gelieferten Leben zu. Sie nehmen die Inszenierungen, die der Fernseher vorspielt, auf. Sie sind nicht Akteure des Lebens, sie lassen sich das Leben vorspielen. Was ihnen vorgespielt wird, hat mit ihrer Wirklichkeit wenig zu tun. Es ist die Flucht aus dieser Wirklichkeit. Ein besonderes Merkmal dieser Familie ist die Dispens von der Erarbeitung des Lebens. Das Leben, die Sprache, die Ansichten und Einstellungen, die Verkehrsformen werden fertig bezogen, nicht umwegig, langfristig und mühevoll erarbeitet.

Kurzfristige und arbeitsscheue Raschheit scheint in der Tat das auffälligste Merkmal dieser Kultur zu sein. Der Mensch stellt sich schnell her. Er bewältigt den Schmerz nicht und seine Ursachen, er nimmt Tabletten. Er fragt nicht nach dem Grund seiner Schlaflosigkeit, er betäubt sich. Er erstellt sich technisch durch Mittel. Wachheit und Schlaf, Konzentration und Friedfertigkeit können chemisch erstellt werden. Der Mensch wird behandelt und behandelt sich selber wie eine Maschine. Ist sie defekt, wird sie repariert. Alles geht schnell, alle möglichen Abkürzungen werden gewählt. Sogar langfristige und viel Lebensarbeit fordernde Unternehmungen wie der Gewinn von Freunden oder einer Liebe wird abgekürzt. »Kaufen Sie Freundschaft!« heißt der Satz aus der Reklame für ein Haarspray.

Die Raschheit und der Verzicht auf Selbsterarbeitung bedrohen die Seele des Menschen. Bilderlos, liederlos, gedichtlos, sprachlos, religionslos könnte der Mensch werden, eben wie eine Maschine. Seine Schmerzen werden vielleicht geringer, aber auch seine Leidenschaften, seine Wünsche und seine Träume. Und das ist eine Bedrohung des Christentums und der anderen großen Expressionen des Lebens.

Kirchenleute, besonders progressive, sind bereit, die Schuld für die festzustellende Religionslosigkeit auf sich selber zu nehmen. Die Kirchen seien nicht attraktiv genug, sagen sie. Das mag stimmen. Aber der eigentliche Grund für den Verfall der großen Inhalte und der großen Expressionen ist im gesamtgesellschaftlichen Kontext zu suchen, nicht zuerst bei den Kirchen selber.

Ist die Gesten- und Sprachlosigkeit unser zwangsläufiges Schicksal? Ich halte es tatsächlich für möglich, daß das Christentum und seine Ausdrucksformen in dieser unserer Ersten Welt sterben wie Bäume, denen der Boden weggespült wurde. Zwar gibt es schwache Zeichen der Hoffnung: Es gibt eine Menge Ausbrecher, einzelne und Gruppen, die anders als üblich mit dem Leben umgehen, Gruppen, die eine neue Zärtlichkeit der Natur gegenüber versuchen, Gruppen, die sich erregen über den gewaltsamen Umgang mit der Natur. Es gibt das Anwachsen einer phantasievollen Bescheidenheit, Gruppen, die erkennen, »daß überflüssige Güter das Leben überflüssig machen«, wie Pasolini es ausdrückt. Wasser, Luft, unzerstörte Erde, Brot, Fasten und Meditieren werden zu neuen Bedürfnissen. Gewiß sieht das oft ziemlich naiv aus; etwa so naiv wie der heilige Franziskus, der seine Hose nicht retten wollte, als ein Brand ausgebrochen war, um sie Bruder Feuer nicht zu entreißen. Gefährlicher jedoch ist die Naivität des Konsumismus. Können wir von diesen Gruppen volle Klarheit verlangen bei der enormen Blindheit unserer offiziellen Kultur? Wo neues Leben versucht wird, da finden sich auch neue Gesten für das Leben, beiläufig und fast unbemerkt.

7. Gottesdienst

Poesie ohne Zwecke

*Die Liturgie des Gottesdienstes
und die christlichen Lebensäußerungen sind keine
taktischen Instrumente bei der politischen
und moralischen Organisation des Menschen.
Sie sind öffentliche Bekundungen
von Lebenswünschen und damit auch ihre kollektive
Einübung. Befreiungsansätze brauchen
den Umweg über die Symbole, in denen das Glücksverlangen
und die Lebenserwartung eingeübt und ausgedrückt werden.*

Stellen wir uns folgenden Gottesdienst vor: Er findet statt in einem modernen Mehrzweckraum. Kirchenbänke gibt es nicht, statt deren Polster, auf denen man angenehm sitzt. Der Raum hat keinen weiteren Schmuck. Es hängen einige gut gemachte politische Plakate an den Wänden. An einer Seite steht ein kleiner Tisch, der bei einigem Nachdenken an einen Altar erinnert. Ein Stehpult ersetzt die Kanzel. Eine Orgel hat der Raum nicht, dafür eine gute Lautsprecheranlage. Wir betreten den Raum, und aus der Anlage hören wir einen leisen verjazzten Bach. Wir setzen uns auf die Polster. Auf den Plätzen finden wir das Programm des Gottesdienstes. Sein Thema: autoritäre Strukturen in der Schule. Eine vorbereitete Resolution wird verteilt. Der Pfarrer tritt auf und wünscht allen einen guten Morgen und einen schönen Sonntag. Erkennbar ist er daran, daß sein Anzug noch eine leichte Andeutung seiner Berufsfarbe hat. Er führt in das Thema ein. Die Versammlung entnimmt ihrer Agende, dem ausgelegten Programm, daß nun ein Lied kommt. Der Pfarrer verschlüsselt das Thema des Gottesdienstes in »die Sprache der Väter«: Er liest das Kinderevangelium vor. Danach tritt ein junger engagierter Lehrer auf und hält einen kurzen Vortrag zum Thema. Anschließend diskutieren die Anwesenden, zuerst jeder mit seinem Nachbarn, dann alle zusammen. Danach läßt der Pfarrer über die Resolution abstimmen. Es bildet sich ein Arbeitskreis, der sich weiter mit dem Anliegen beschäftigen wird. Der Pfarrer spricht einen meditativen Text. Die Gemeinde singt ein letztes Lied, und der Gottesdienst ist beendet.

Was ist gegen diesen Gottesdienst zu sagen? Nichts, meine ich. Einen solchen Gottesdienst kann es geben, ohne daß die christliche Welt in Trümmer fällt. Zunächst: Es wird etwas verhandelt, das mit der Sache Jesu zu tun hat, nämlich die Abschaffung der Unterdrückung von Kindern. Die Menschen dort meinen es ernst und spielen nicht modisch herum. Sie sind bereit, für ihren Ernst etwas zu tun. Außerdem: Einen Gottesdienst macht nicht aus, daß dort agendarisch festgelegte Kulthandlungen ablaufen. Dieser Gottesdienst hat ehrenvolle Absichten. Aber das ist sein Problem: Er besteht nur aus Absichten. Alle Schnörkel sind entfernt. Es gibt im Raum keine Bilder, die unprogrammatisch sind und nur um ihrer Schönheit willen dort hängen. Der Altar ist auf seine Funktion zurückgeführt: Er ist ein kleiner Tisch. Die Kanzel drückt weder durch ihre besondere Form noch durch ihre besondere Stellung aus, daß sie ein wichtiger Ort ist. Die Formen sind aufgelöst. Bestehen bleibt nur, was der Sache dient. Alles ist zur Funktion geworden, in diesem Falle zur Funktion im Dienste einer guten Sache. Es gibt also kaum noch Umwege. Was beabsichtigt ist, wird klar ausgedrückt, und zugelassen ist nur das, was der Absicht unmittelbar dient. Es entsteht ein völlig pädagogisierter Raum, sozusagen ein lernzielorientierter Gottesdienst. Die Kirche ist Schulhaus geworden, der Gottesdienst Unterricht und Arbeit. Alles ist nackte Absicht. Der Mensch in diesem Gottesdienst ist wesentlich als Arbeiter gedacht, nicht als Spieler und nicht als Tänzer.

Mir fällt dazu die kleine Geschichte von der Salbung Jesu in Bethanien ein, wie sie Matthäus überliefert (26, 6–13). Der Plan der Gegner Jesu steht fest. Seine Gefangennahme und seine Hinrichtung sind nahe. Jesus ist in Bethanien bei Simon, dem Aussätzigen. Da tritt eine Frau zu Jesus, in der Hand eine Alabasterflasche mit kostbarer Salbe. »Ungefälschtes und köstliches Nardenwasser« soll es gewesen sein, überliefert uns Markus. Sie zerbricht die Flasche und salbt das Haar Jesu. »Das Haus aber ward voll vom Geruch der Salbe« (Johannes 12, 3). Die Jünger wurden ärgerlich: »Wozu dient diese Vergeudung?« Ja, wozu dient sie? Zu nichts! Das Ganze war eine teure Nichtsnutzigkeit. Dreihundert Denare hätte es eingebracht, wenn die Frau das Spielchen unterlassen, die Salbe verkauft und den Erlös den Armen gegeben hätte. Es folgt eine fast brutale Erklärung Jesu: »Arme habt ihr immer unter euch, mich aber nicht: Diese Frau hat die Salbung meines Begräbnisses vorweggenommen.« Aber ist das ein Einwand gegen die Verschwendung?

Die Frau hat keine weiteren Absichten bei dem, was sie tut. Hätte sie nachgedacht und kalkuliert, sie wäre vielleicht zu dem Ergebnis der Jünger gekommen. Sie hätte die teure Salbe verkauft und den Erlös an die Armen verschenkt. Sie handelt, ohne nachdenkend hinter sich selber zu treten. Sie liebt Jesus, sie kennt die Gefahr und hat Angst um ihn. Ihr Herz ist voll Trauer. Die Schönheit dieser Handlung steht in sich selber. Sie verfolgt nichts Weiteres damit. Nach dem Wozu gefragt, könnte sie sich selbst nicht erklären. Sie kann ihre eigene Handlung nicht lesen. Deswegen ist ihre Handlung nicht stumm. Jesus kann sie lesen: »Denn daß sie die Salbe auf meinen Leib goß, das hat sie getan für mein Begräbnis.«

Die absichtslose Handlung dieser Frau heißt nicht, daß sie kein Thema hat, daß sie herumtändelt. Sie hat ihr Thema: die Liebe zu Jesus, die Todesgefahr, in der er sich befindet, die Trauer um seine Sache, die verlorenzugehen droht. Gerade daß sie bewegt ist von diesem Lebensthema, das sie gefunden hat, treibt die Frau zu dieser Handlung, die sie selbst nicht mehr erklären und die vor den kalkulierenden Augen der Jünger nicht bestehen kann. Ihr Herz ist voll, und es fließt über in die Berührung, in die Salbung, in die Tränen.

Nehmen wir einen anderen Gottesdienst, einen hochkirchlich-liturgischen. Die Kirche ist reich geschmückt, viele Kerzen brennen, es duftet nach Weihrauch. Kein Akt ist eine reine Funktion, sondern immer auch Schmuck. Soll das Evangelium vorgelesen werden, dann nimmt nicht einfach einer der Mitfeiernden das Buch und liest. Das Evangeliar wird in einer feierlichen Prozession hereingebracht, es wird gesegnet, es wird mit Weihrauch geehrt. Der Text wird nicht gelesen, sondern in einer feierlichen Melodie gesungen. Das Buch wird geküßt, man verbeugt sich vor ihm.

In diesem Gottesdienst ist alles Arrangement, alles ist Stil. Stilbruch ist ein schlimmes Vergehen. Vielleicht wird auch hier das Kinderevangelium gesungen. Aber das Kinderevangelium zielt auf nichts – nicht auf die Unterdrückung der Kinder wie in dem zuerst beschriebenen Gottesdienst, seine Verkündigung geht ins Allgemeine. Dieser Gottesdienst hat keine Absichten, er hat nur sich selbst zur

Absicht. Er ist reiner Tanz. Aber hat er ein Thema wie die Frau, die das Nardenwasser über Jesu Haupt schüttete? Absicht ohne Tanz ist die Gefahr des ersten Gottesdienstes. Tanz ohne Thema die des zweiten.

Was ist die größere Gefahr? Daß das Christentum erstickt unter den Ranken seiner absichtslosen Äußerungen, im eigenen Stil und im puren Arrangement; oder daß Christen ihre eigene Sprache und Tradition nur noch verstehen als beiläufiges, zufälliges und eigentlich entbehrliches Vehikel für eine Sache, von der sie meinen, daß sie ohne rankendes Beiwerk eigentlich besser und klarer auszudrücken und zu verfolgen sei?

Inhaltlich und thematisch scheint der hochkirchliche Gottesdienst gefährlicher zu sein: Er verschweigt Lebenswirklichkeiten. Anders als Jesus in seiner Verkündigung spricht er nicht von den Wunden und den Sehnsüchten der Menschen, vom Hunger nach Gerechtigkeit und vom Durst nach Leben. Er stimmt also überein mit der allgemeinen Kultur des Verschweigens.

Obwohl der zuerst beschriebene Gottesdienst die von Jesus gemeinte Sache viel eindeutiger zur Sprache bringt, entspricht er strukturell ganz genau dem, was allgemein erwartet und praktiziert wird. Er folgt dem allgemeinen Grundgesetz der Rationalisierung. Umwege sind vermieden, Überflüssiges wird weggelassen, Spiel ist nur noch in Andeutungen vorhanden. Er ist ein liturgisches Großraumbüro. Er ist rational, klar, seine Hauptaussage ist: Gehe hin und handle! Ein hohes Ideal hat dieser zweckhafte Umgang mit der christlichen Sprache, der christlichen Tradition und dem Gottesdienst: das Ideal der Durchsichtigkeit und der Verstehbarkeit. Dieses Ideal teilt ein solcher Umgang mit der christlichen Tradition mit allen unseren erzieherischen Institutionen. Verstehen lernen, Einsicht gewinnen, erkennen, kennenlernen, wissen, kritisch analysieren: so werden die meisten unserer Lernziele in den Schulen formuliert.

Verstehen lernen und handhaben lernen – darauf hin wird erzogen. Dies ist nicht nur die Absicht unserer Schulen. In unzähligen Encounters, Gruppensitzungen, Selbsterfahrungsversuchen, in den vielen Formen der Analyse und Therapie wird Ähnliches angestrebt: Selbstgewinn, Selbststeigerung und Heilung durch Erkennen und Durchschauen. Und wer würde das Recht dieser Absichten bestreiten! Schließlich kommen wir aus dunklen Zeiten, in denen wesentliches Leiden auch dadurch geschaffen wurde, daß es Menschen verboten war, sich selbst und die Zustände ihres Lebens zu durchschauen. Wir kommen aus den Zeiten des aufoktroyierten Lateins. Das heißt, wir sollten unsere Lebenswünsche und unsere inneren Absichten in einer Sprache formulieren, die die Tradition bereitgestellt hatte, die wir selber aber nicht durchschauten, nicht verstanden und nicht sprechen konnten. Das Wissen und Verstehen war auf wenige beschränkt und war darum Herrschaftswissen. Jede Bewegung der Befreiung des Menschen fordert Aneignung des Wissens für alle. Sie bricht mit der Fremdsprache für die eigenen Lebensentwürfe, sie kollektiviert Erkenntnisse, sie macht das Leben durchsichtiger. Das ist das Interesse, das die Perioden religiöser Intensität und der Aufklärung gemeinsam hatten. Daher die Forderung jeder religiösen Reformbewegung, die Bibel ganz, das heißt nicht nur in von Kirchenoberen ausgewählten Stücken lesen zu dürfen und die Bibel in der eigenen Sprache lesen zu dürfen. Verdeutschung ist nicht ein beiläufiges Interesse religiöser Aufbrüche. Die Welt, die man sich in der Übersetzung angeeignet hat, ist nicht mehr fremd, unheimlich und verhängt. Die Durchsichtigkeit unserer Lebenswelt macht erst möglich, daß sie uns Heimat und vertrautes Gelände wird. Noch sind wir nicht befreit, und es wäre zynisch, Aufklärung und die Lust, etwas zu verstehen und zu durchschauen, zu diskreditieren.

Und trotzdem: Was geschieht, wenn Verstehbarkeit und Durchschaubarkeit Hauptinteresse auf allen Lebensgebieten des Menschen werden? Ich will dies verdeutlichen an einer kleinen Geschichte, die Martin Buber (»Einsichten«, Insel-Verlag 1953, Seite 48f.) aus seiner Kindheit erzählt:

»Elfjährig, auf dem Gut meiner Großeltern den Sommer verbringend, pflegte ich mich, sooft ich es unbeobachtet tun konnte, in den Stall zu schleichen und meinem Liebling, einem breiten Apfelschimmel, den Nacken zu kraulen. Das war für mich nicht ein beiläufiges Vergnügen, sondern eine große, zwar freundliche, aber doch auch tief erregende Begebenheit... Der Schimmel hob, auch wenn ich nicht damit begonnen hatte, ihm Hafer in die Krippe zu schütten, sehr gelind den massigen Kopf, an dem sich die Ohren noch besonders regten, dann schnob er leise, wie ein Verschworener seinem Mitverschworenen ein nur diesem vernehmbar werden sollendes Signal gibt, und ich war bestätigt. Einmal aber – ich weiß nicht, was den Knaben anwandelte, jedenfalls war es kindlich genug – fiel mir über dem Streicheln ein, was für einen Spaß es mir doch mache, und ich fühlte plötzlich meine Hand. Das Spiel ging weiter wie sonst, aber etwas hatte sich geändert, es war nicht mehr Das. Und als ich tags darauf, nach einer reichen Futtergabe, meinem Freund den Nacken kraulte, hob er den Kopf nicht.«

Die Geste der Freundschaft, wie Buber sie in der kleinen Szene beschreibt, muß denen verhüllt bleiben, die sie setzen. Durchschauen sich die Teilnehmer bei ihrem Spiel, nehmen sie sich selbst über die Szene hinaus wahr, dann kommt es zu einer Erkenntnis, die Buber einen Abfall nennt. Die Einheit der Spieler ist gestört, die Selbstwahrnehmung läßt ihre Verbundenheit, die in der kleinen Szene wie ein nicht erobertes Geschenk ist, verblassen. Vielleicht ist die dazukommende Reflexion ein Zuwachs an Macht über sich selber und über die Mitspieler, aber sie bedeutet eine Minderung der Vereinigung.

Vielleicht gibt es zwei Arten des Lernens: Lernen als Analyse und Enthüllung von Sachverhalten *und* ein Lernen, das die Übereinstimmung mit Ideen, Menschen, Bildern und Geschichten sucht. Ich hatte einen Lehrer, der Hölderlin liebte. Er lehrte uns natürlich, dessen Gedichte zu analysieren und diskursiv zu verstehen. Aber manchmal hatte er das, was wir »seine Tage« nannten. Er sprach uns eines seiner Lieblingsgedichte vor. Er schrieb es Zeile für Zeile an die Tafel. Wir lernten es Zeile für Zeile auswendig. Er verlockte uns dazu, die Lippen zu bewegen, wenn wir es abschrieben. Er summte uns die Skandierungen auf einem Vokal vor. Wir verließen das Unterrichtsgebäude, gingen an einen Fluß und sprachen das Gedicht im Chor. Mit solchen Stunden, und sie waren zum Schrecken der Schulleitung nicht selten, verband dieser Lehrer überhaupt keine Absicht. Sie waren nichts anderes als das öffentliche Eingeständnis seiner Liebe zu Hölderlin. Zu evaluieren und Erfolg zu kontrollieren gab es nach solchen Stunden nicht viel. Und doch war er bei seinen verrückten und absichtslosen Stunden Lehrer, wie man es nur sein kann: Er hat uns gelehrt, daß ein Mensch eine Sache oder eine Idee lieben kann; daß er nicht allem gegenüber in ironischer Distanz und zynischer Gleichgültigkeit zu bleiben braucht. Dies alles hat er nicht in pädagogischer Absicht getan. Er war vielmehr wie einer, der eine Frau liebt und alle Vorübergehenden anbettelt, doch zu verstehen und einzusehen, daß diese Frau die schönste der Welt sei. Seine Versuche waren hilflos, und ich weiß nicht, ob wir von ihm gerade Hölderlin lieben lernten – der eine oder der andere von uns sicher –, aber wir lernten, daß man überhaupt etwas lieben kann. Eine absichtslose und spielende Annäherung an die Schönheit einer Sache versuchte dieser Lehrer. Sein Unterricht war unprogrammatisch. Im direkten Sinn war er weder Lehre noch Appell noch Beeinflussung.

Überlegen wir noch einmal den ersten Gottesdienst mit seinen hohen und aus der Sache Jesu abgeleiteten Appellen. Daß es diesen Gottesdienst geben kann und daß es manchmal keine Zeit zum Spielen gibt, das steht nicht zur Debatte. Trotzdem habe ich Anfragen an seinen Purismus und an seine Zielstrebigkeit, wenn dies in einer Gemeinde vorrangige Art ist, Gottesdienst zu feiern. Dieser Gottesdienst lehrt Handlungsentwürfe und versucht, sie unmittelbar einzuüben. Was er unterschlägt, ist die spielerische, langfristige Einübung von Lebensentwürfen und Lebensbildern, aus denen erst Handlungsentwürfe und Lebenspraxis entstehen können. Er verlangt von schlecht ernährten und in ihren Hoffnungen matten Menschen, daß sie ans Werk gehen und arbeiten.

In theologischen Seminaren fällt mir bei der Behandlung von Bibelstellen immer auf, wie schnell und wie unmittelbar Studenten aus der christlichen Tradition die appellativen Teile auf sich beziehen. Wenn wir die Geschichte vom verlorenen Sohn behandeln, werden sie aus dem Verhalten des Vaters, aus der Weigerung des älteren Sohnes, zum Fest zu kommen, Konsequenzen ziehen für ihr eigenes Verhalten. Sie werden moralische Sätze aus der Großmut des Vaters formulieren. Sie tun, als seien der Reichtum und die Schönheit der Geschichte, als seien ihre Bilder nur lästige und unerhebliche Umwege für das »Eigentliche«, nämlich für das, was man aus der Geschichte »lernen« kann. Die Geschichte vom verlorenen Sohn ist in besonderer Weise eine Geschichte des Überflusses und der Verschwendung. Sie erzählt nicht nur, daß der Verlorene wieder als Sohn aufgenommen wird. In Bildern, die in Worten nicht aufzuschlüsseln sind, wird der lächerliche Eifer, die Amoral des alten Vaters gezeichnet. Die besten Kleider werden gebracht, Schmuck wird dem Verlorenen umgehängt, Küsse werden gegeben, Musik wird gemacht, und Feste werden gefeiert. Es ist eher eine Geschichte der Überlistung der Moralität als eine Geschichte, die Moral lehrt.

Wie kommt es, daß Menschen die Moral der Geschichte ergreifen wollen, ehe sie die Bilder der Schönheit, des Reichtums und der Verschwendung ausgekostet haben? Wie kommt es, daß die Schönheit der dramatischen Erzählung eher als unnötige Abschweifung angesehen wird? Offensichtlich stecken in uns gefährliche Tendenzen der Selbstbestrafung und der Selbstkasteiung, daß wir die eigentliche Nahrung der Geschichte und ihre kecke Schönheit übersehen und daß wir uns unmittelbar dem zuwenden, was »handlungsrelevant« ist.

Der marxistische Psychoanalytiker und Soziologe Alfred Lorenzer kritisiert am II. Vatikanischen Konzil eine Veränderung des Umgangs mit der christlichen Tradition, die ich in einem extremen Maß in dem oben beschriebenen Gottesdienst finde (A. Lorenzer, »Das Konzil der Buchhalter – Die Zerstörung der Sinnlichkeit. Eine Religionskritik«, Frankfurt 1981). Seine Hauptvorwürfe gegen die konziliare Erneuerung des Christentums sind: daß sie die sinnlichen Symbole zerstört; daß die geschichtlich gewordenen Bilder aufgegeben werden zugunsten der Durchrationalisierung des menschlichen Denkens und Fühlens; daß die Freiräume der Phantasie, die durch absichtslose christliche Lebensäußerungen entstehen, aufgegeben werden zugunsten verbalisierter Lebensanweisungen. In dieser Reform werde der poetisch subjektive Gehalt des Christentums aufgegeben und einer allgemeinen Indoktrinierung, Pädagogisierung und Intellektualisierung geopfert. Lorenzers Buch ist ein Pamphlet. Man kommt nicht um den Verdacht herum, daß er das Christentum am liebsten dumpf und unaufgeklärt ließe. Und es ist für einen Christen fast unerträglich, wie er von den Inhalten der christlichen Tradition absieht und das Christentum in völliger Formalität als ein System zur Herausbildung und Bewahrung von Identitäten auffaßt. Trotzdem hat er recht mit seiner Hauptthese. Befreiung geschieht nicht auf dem Weg der Appelle. Befreiungsansätze brauchen den Umweg über die Symbole, in denen das Glücksverlangen und die Lebenserwartungen eingeübt und ausgedrückt werden. Die Liturgie des Gottesdienstes und die christlichen Lebensäußerungen sind keine taktischen Instrumente bei der politischen und moralischen Organisation des Menschen. Sie sind öffentliche Bekundungen von Lebenswünschen und damit auch ihre kollektive Einübung. Vielleicht ist in dieser Zeit der Durchrationalisierung des Lebens des Menschen – der Rationalisierung seiner Arbeit, seines Wohnens, seines Lernens, seiner Beziehungen – die Reduktion der Zwecke in sich schon eine Steigerung der Humanität des Menschen. Die ernsten und absichtsfreien Lebensäußerungen der Menschen sind noch unbesetzte Gebiete, in denen die Phantasie leben kann und dann ihren Widerstand gegen die Besetzungen schon organisieren wird.

Ich erinnere mich an einen Kreuzweg, den Christen in New York gegangen sind. Sie versammelten sich an einem Karfreitag in der Nähe des UNO-Gebäudes. In einer Prozession zogen sie durch die Stadt. Sie führten ein großes Holzkreuz mit sich. Nach alter katholischer Tradition machten sie 14 Stationen auf ihrem Gang. Die Stationen waren 14 militärstrategisch wichtige Punkte in der Stadt: zum Beispiel ein Rekrutierungsbüro der Armee, ein Kriegsschiff im Hafen, ein militärtechnologisches Institut. An diesen Stationen beteten diese Christen, lasen Psalmen, sangen ihre Lieder. Eine alte Frau hatte ein kleines Becken mit Weihwasser mit sich. Am Hafen besprengte sie das Kriegsschiff mit dem geweihten Wasser. Es war nicht nur der Ausdruck, sondern ein Teil ihres Kampfes gegen die Dämonen. Der Kreuzweg dauerte lange, vier oder fünf Stunden. Diese Menchen hatten ein Thema: Abrüstung und Frieden. Dieses Thema spielten sie in vielen Variationen auf ihren christlichen Instrumenten. Sie vergewisserten sich ihrer gemeinsamen Hoffnungen, sie verbanden diese Hoffnungen mit ihren alten Lebensbildern, sie teilten ihren Schmerz über die noch ausstehende Hoffnung. Sie hatten ein Thema. Aber sie verfolgten keine Zwecke. Den Weg wären sie gegangen, auch wenn niemand sie gesehen und wenn kein einziger Mensch ihren Protest zur Kenntnis genommen hätte. Dieser Kreuzweg war kein taktisches Mittel. Er war die Nahrung ihrer Wünsche. »Wozu diese Verschwendung«, könnten wir mit den Jüngern in Bethanien fragen, diese Verschwendung von Zeit: 500 Menschen gehen fünf Stunden, das sind 2500 Stunden. Hätte man diese Zeit des Spielens und der Darstellung nicht »verkaufen« können?

Diese Menschen gleichen der Frau in Bethanien: Sie wissen nicht, was sie tun. Sie haben den Nutzen und den Erfolg ihrer Unternehmung nicht im Auge. Die alte Frau, die das Kriegsschiff im Hafen mit Weihwasser besprengt, ist fromm, und sie ist eine Künstlerin. Sie ist Mime ihrer eigenen Hoffnungen, und ihre Lebensentwürfe bilden sich, indem sie sie mimt.

8. Liberalität

Verbrüderung mit den Fremden

*Ein Christ hat es nicht nötig,
die anderen Entwürfe menschlicher Hoffnung,
an denen er selber nicht teil hat,
prinzipiell unter den Verdacht der Falschheit
und der Unwahrheit zu stellen.
Die erste Reaktion auf die andere, uns nicht
geläufige Gestalt des Glaubens
wäre dann nicht das Gefühl, bedroht zu sein,
sondern die Neugier
und das Interesse an Verbrüderung.*

An einer strömungsreichen Stelle irgendwo am Meer fand ich ein Schild, das die Schwimmer warnt und das ihnen empfiehlt, für den Fall, daß eine Strömung sie erfaßt, sich nicht gegen den Sog zu wehren. Die Strömung führe wieder zurück, sagte der Text. Man solle seine Kräfte nicht sinnlos verbrauchen, sondern sich vom Wasser selber zurücktragen lassen. Wie muß ein Mensch beschaffen sein, der handeln kann, wie das Schild es rät? Er müßte zunächst wissen, daß das Meer seine Gesetze hat und daß seine Bewegungen nicht vollkommen unberechenbar und chaotisch sind. Er müßte die Hoffnung haben, daß diese Gesetze, die gestern gegolten haben, auch heute gelten. Dann müßte er fähig sein, auf die Durchsetzung seines unmittelbaren Zieles, nämlich jetzt sofort ans Ufer zu kommen, zu verzichten. Er müßte warten und langfristig und geduldig denken können. Er müßte außerdem zugeben können, daß er nicht zu allem fähig ist, daß er nicht ständig Herr seiner Lage ist, daß seine eigenen Kräfte gegen die Gewalt des Meeres lächerlich gering sind. Er müßte also einen Glauben haben an den Zusammenhang des Ganzen, eine geduldige Hoffnung auf einen guten Ausgang trotz der augenblicklichen Gefahr und die Demut der richtigen Einschätzung seiner eigenen Kräfte. Dies alles kann er natürlich nicht im Augenblick der Gefahr lernen. Er müßte es längst und in vielen Situationen eingeübt haben.

Ich denke mir, die Grundhaltung dieses Menschen wäre die Übereinstimmung mit dem Leben, das ihn umgibt, die Übereinstimmung in den Zeiten der Gefahr und der Nacht und in den Zeiten des Glücks und der Helligkeit. Das Leben wäre für einen Menschen dieser Haltung niemals der Kampf ums Dasein, der jede Minute zu führen ist und bis zum letzten Atemzug nicht entschieden ist. Trotz aller Ausgänge hätte das Leben schon etwas für sich, etwas Lohnendes und etwas Preisenswertes. Listig wüßte dieser Mensch, daß mit dem Leben schon etwas gewonnen wäre, bevor er selbst seinen Kampf gekämpft und seinen Sieg errungen hat. Wer an die Preiswürdigkeit des Lebens glaubt, der muß sich nicht wesentlich als

Militär seiner Umwelt und sich selbst gegenüber verstehen. Er braucht nicht ständig auf der Hut zu sein, zu mißtrauen, die Kräfte der Beherrschung sich selbst, der Natur und seinen Mitmenschen gegenüber zu mobilisieren.

Mich hat in der Tradition des Christentums immer gestört, daß dort, wo Menschen dieses Christentum radikal zu leben versuchten, sie sich sehr oft von soldatischen Tugenden her bestimmten. Von Paulus über Benedikt bis zu Ignatius von Loyola beschrieben sie die eigene Gruppe als Militia Christi, als Kriegshaufen Christi, angetan mit Waffen, wenn auch mit den Waffen des Geistes, kämpfend unter einer Kriegsregel, lebend unter Kriegsgesetzen, denkend in den Kategorien von Sieg und Niederlage, von Herrschaft und Unterwerfung. In den ersten Sätzen der Benediktinerregel wird der Mönch bestimmt als einer, der seinem eigenen Willen entsagt, der für den Herrn Christus als wahren König Soldat sein will und der die starken und glänzenden Waffen des Gehorsams ergreift.

Das Bild ist kriegerisch. Aggressiv soll man sich gegen sich selbst verhalten. Man soll mit starken Waffen als Soldat Christi gegen sich selbst antreten, mit dem Gehorsam sich selbst schlagen und den eigenen Willen. In der Benediktinerregel steht kein Wort davon, daß man gegen äußere Feinde aggressiv sein soll. Im Gegenteil, nach außen wird die Sanftmut und die Zärtlichkeit empfohlen. Die Sanftmut gegen die anderen Brüder, gegen die Kinder und die Kranken. Aber man kann fragen: Wie lange kann das gutgehen – die Sanftmut den anderen gegenüber und die aggressive Härte gegen sich selber? Auch in der jesuanischen Tradition gibt es Sätze dieser Art, die ich kaum nachvollziehen kann: Wenn dich dein Auge verführt, dann reiße es aus (Matthäus 5,29). Ich bin nicht gekommen Frieden zu bringen, sondern das Schwert (Matthäus 10,34). Laß die Toten ihre Toten begraben (Matthäus 8,28). Ich will entzweien die Tochter von der Mutter und die Schwiegertochter von der Schwiegermutter. Des Menschen Hausgenossen werden seine Feinde sein (Matthäus 10, 35.36).

Gewiß kann ich diesen Sätzen auf einigen Umwegen

einen Sinn abgewinnen. Sie sind in den Zeiten der Verfolgung des Glaubens gesprochen. Und wer wollte leugnen, daß es Situationen der Nicht-Übereinstimmung und der nötigen Trennung gäbe! Aber in der christlichen Spiritualität und ihrem Weltverständnis sind sie überaus mächtig geworden. Und man kann niemandem übelnehmen, wenn er fragt, ob die Kreuzzüge mit ihren bestialischen Morden, die Ketzerausrottungen, die Hexenverbrennungen, die Konfessionskriege, die Aktionen zur Vernichtung der Juden nur Pannen am Rande des Christentums sind und falsch verstandenes Christentum, oder ob sie nicht doch auch ein Stück der Sache sind. Dann hätten wir nicht nur die Praxis des Christentums neu zu bedenken, sondern auch ein Stück seiner Konzeption. Drei gefährliche Momente sehe ich in diesem Strang der christlichen Tradition: die schon erwähnte Aggression gegen sich selbst, die notwendigerweise zur Aggression nach außen werden muß; die Vernachlässigung oder gar die Ablehnung der natürlichen Bindungen: Wenn jemand zu mir kommt und nicht seinen Vater und seine Mutter und sein Weib und seine Kinder und seine Brüder und seine Schwestern und dazu auch sein Leben haßt, kann er nicht mein Jünger sein (Lukas 14,26.27). Das dritte Moment ist das Elitebewußtsein, das durch dieses empfohlene Verhalten entsteht. Die Wahrheit ist allein auf der Seite der Erwählten. Sonst darf es keine Wahrheiten geben. Denken wir noch einmal an das Bild des Anfangs! Der Mensch mit dieser Haltung, der von der Strömung fortgerissen würde, würde kämpfen. Er könnte im Ying nicht das Yang, im Unglück nicht die Gelegenheit des Glücks erkennen. Nur als chaotisch und feindselig würde er seine Situation deuten. Abwarten, Hingabe, Zuversicht, Vertrauen auf das Leben wären ihm schwer.

In einer gewissen Weise wirken diese Traditionen des Christentums wie eine für sehr junge Menschen entworfene Religion. Es gibt den eindeutigen Unterschied zwischen gut und böse. Dieser ist erkennbar. Die Feinde und die Freunde können eindeutig benannt werden. Die Kriegsschauplätze sind klar. Man ist entweder auf der einen oder auf der anderen Seite. »Wer nicht für mich ist, ist wider mich!« Es gibt keinen Kompromiß, sondern nur ein Entweder – Oder. Alle Widersprüche sind lösbar. Man kann nicht akzeptieren, daß es für bestimmte Fragen des Lebens keine Lösung gibt. Notfalls werden die Lösungen mit Gewalt gesucht. Die Welt ist eingeteilt unter den Söhnen der Finsternis und den Söhnen des Lichtes. Sich selbst identifiziert man vor allem durch die Abgrenzung von anderen.

Wie aber kann man sich selbst bestimmen und wie kann man an die eigene Sache glauben, wenn man darauf verzichtet, die Welt in widerspruchsfreie Klarheiten von gut und böse, richtig und falsch aufzuteilen? Kommt dabei mehr heraus als ein Mensch, der dauernd an seinen eigenen Wahrheiten zweifelt, der sich selbst nicht mehr entwerfen kann, weil Welt und Wahrheit für ihn prinzipiell nicht mehr erkennbar sind? Und wie kann ein Mensch handeln, der erkennt, daß es außer seiner Wahrheit auch andere Wahrheiten gibt? Für das Christentum gefragt: Kann man mit Gewißheit Christ sein und zugleich auf die eigene kriegerische Absolutheit verzichten? Kann man als Christ liberal sein?

Zunächst muß man wissen, daß der Verzicht auf Liberalität Opfer schafft. Grete Weil schildert in einem ihrer Bücher (»Happy, sagte der Onkel«), wie sie sich in New York mit einer jungen schwarzen Frau anfreundet. Die Frau nimmt sie mit nach Harlem in die Wohnung ihrer Eltern. Sie ißt mit den Schwarzen, sie wird einbezogen in die Wärme dieser Familie. Die Schwarzen singen die Lieder ihrer Sehnsucht. Grete Weil fügt sich ein. Sie traut dem Frieden dieser Familie. Sie fühlt sich zu Hause. Im Laufe der Unterhaltung erkennen die Gastgeber, daß Grete Weil Jüdin ist. Hinweggefegt ist ihre Freundlichkeit. Die Familie erstarrt. »Dann stößt der Vater seinen Stuhl zurück, macht einen Sprung zum Klavier, reißt mit einem zornigen Schrei das Kruzifix von der Wand und streckt es mir entgegen. Schreit schrill: ›Eine Jüdin, eine Mörderin unseres Herrn. Hinaus aus meiner Wohnung!‹« Die Jüdin ist für diese Schwarzen aus Harlem, die selber Opfer sind, als Mensch nicht mehr erkennbar. Die Ideologie fordert ihr Opfer. Diese Christen haben eine blutgierige Wahrheit.

Die Frage, ob man als Christ liberal sein kann, ohne sich selbst aufzugeben, ist mit dieser Geschichte noch nicht beantwortet. Wird nicht mein Glaube an das Evangelium unmöglich, wenn ich sehe und ohne jedes Ressentiment und ohne jede Beurteilung zulasse, daß andere Menschen in völlig verschiedenen Entwürfen des Glaubens leben, vielleicht sogar meine Freunde, vielleicht sogar meine Kinder? Muß ich sie nicht bekehren wollen oder aber vom eigenen Glauben lassen?

Jeder Mensch muß eine Sprache finden für das, was er glaubt, wünscht und ersehnt; auch für das, was er ablehnt und bekämpft. Ohne eine solche Sprache bleiben wir ohne Konturen, sind uns und anderen nicht erkennbar und wissen wir nicht, was wir wollen. Die Sprache der Hoffnung ist aber am wenigsten eine universale Sprache, die überall und zu allen Zeiten in gleicher Weise gesprochen und verstanden werden kann. Sie ist ein Dialekt. Die Sprache, die – zumindest relativ – überall das gleiche meint und von allen verstanden werden kann, das ist die Sprache der Information. »Der Zug fährt um neun Uhr« ist ein Satz, der überall verstanden und ohne überschüssigen Rest übersetzt werden kann, wo es eine Eisenbahn gibt und wo Menschen ein Verhältnis zur Uhrzeit haben. »Ich hoffe, daß mein Leben nicht verkommt – das Leben ist gut – der Tod soll es nicht bestimmen – nichts geht verloren«, das sind Sätze der Hoffnung und des Glaubens, die Menschen im Laufe ihrer Geschichte in vielen Varianten gesprochen haben und in der Gegenwart in vielen lokalen Akzenten sprechen. Je stärker die Menschen selbst mit ihren Lebenswünschen in eine Sprache eindringen, um so intimer wird diese, gefärbt von dem Kolorit ihrer Leiden, ihrer Kämpfe, ihrer Sorgen und ihrer Hoffnungen. Es gibt also kein Esperanto des Glaubens. Das Christentum ist der Dialekt der Wünsche unserer Lebensregion. Das ist einer der Gründe dafür, daß es nicht ohne weiteres austauschbar ist gegen einen anderen Dialekt. Hier lebe ich, diese Sprache steht mir zur Verfügung, sie habe ich geerbt, eine bessere weiß ich nicht, und sie werde ich sprechen. Sie gibt mir meine Gestalt und mein Gesicht.

Wäre dies allerdings der einzige Grund für mein Christsein, dann wäre meine Entscheidung kläglich. Sie wäre formal und pragmatisch. Nicht nur und nicht einmal hauptsächlich die Tatsache, daß sie mir zur Verfügung steht, läßt mich diese Sprache ergreifen. Ich bin verführt und gelockt durch ihre Inhalte. Meine Wünsche für das Leben finde ich in ihr aufgehoben. Ich möchte nicht gefangen bleiben in meiner Schuld. Darum brauche ich die Sätze der Vergebung. Ich möchte nicht, daß etwas verloren ist in meinem Leben. Darum brauche ich das Bild von der Hand Gottes, die mich hält. Ich möchte mich nicht damit abfinden, daß Menschen einander zu Instrumenten ihrer Interessen machen. Darum brauche ich den Satz, daß die Niedrigen erhöht werden, die Hungrigen satt und daß die in Fülle leben werden, denen das Leben vorenthalten und zerstört wird. Das Evangelium reinigt und stützt meine Wünsche. Das heißt, ich darf als Christ meine Sprache sprechen, mich ihrer erfreuen und meine Hoffnungen in ihr aufgehoben wissen. Ich brauche sie aber nicht aller Welt als Generalsprache zu diktieren und zu verordnen. Es gibt andere Entwürfe der Hoffnung. Das stört mich nicht. Es macht meine Sprache nicht wertlos. Es macht sie für mich selbst nicht einmal relativ und beliebig. Denn ich spreche keine andere Sprache so wie diese, und keine andere gefällt mir wie sie. Als erwachsener Mensch müßte man die Fähigkeit gewonnen haben, sich nicht durch fremde Identitäten irritieren zu lassen. Mein eigenes Gesicht wird nicht undeutlich dadurch, daß auch andere Gesichter haben. Man müßte es lernen, so sehr im Reichtum der eigenen Sprache zu stehen, daß man es aufgeben kann, sich zu bestimmen mit dem Mittel der Diffamierung der anderen, die nicht aus unserem eigenen Stall kommen.

Wir dürfen also liberal sein. Ein Christ hat es nicht nötig, die anderen Entwürfe menschlicher Hoffnung, an denen er selbst nicht teil hat, prinzipiell unter den Verdacht der Falschheit und der Unwahrheit zu stellen. Er braucht sich nicht in kindischer Konkurrenz zu fühlen den anderen Formulierungen und Traditionen der Wahrheit und der Menschlichkeit gegenüber. Im Gegenteil, wenn wir von unserer eigenen Sache überzeugt genug wären und wenn wir unere eigenen Traditionen liebten, dann könnten wir anderen Entwürfen mit einer freundlichen und positiven Vermutung begegnen und zunächst einmal glauben, daß auch in ihnen der Geist spricht. Die erste Reaktion auf die andere, uns nicht geläufige Gestalt des Glaubens wäre dann nicht das Gefühl, bedroht zu sein, sondern die Neugier und das Interesse an Verbrüderung. Was wissen die anderen und wie sagen sie es? Was sagen sie über den Menschen und wie werden sie mit dem Leben fertig? Es wäre ein Reichtum, wenn man ohne Angst zu verschwimmen diese Fragen an die anderen religiösen und nicht-religiösen Entwürfe des Glaubens zulassen könnte. Diese Liberalität des Christen würde ihn weniger einsam machen. Wir hätten mehr Geschwister und wären mutiger für unsere eigene Sache. Wir würden verstehen lernen, daß in verschiedenen Sprachen Menschen ähnliche Hoffnungen und Wünsche an das Leben haben.

Wir müssen uns an dieser Stelle noch einmal mit dem christlichen Totalitätsanspruch auseinandersetzen. Eine Menschengruppe, die die Exklusivrechte auf Heil und auf Erkenntnis der Wahrheit für sich behauptet, ist immer gefährlich. Die Behauptung der eigenen Einzigartigkeit kann nur zur Aufrüstung gegen die anderen, die Nicht-Erwählten, gegen die Masse der Verlorenen führen. Der kriegerische Gedanke der eigenen Erwähltheit führt in seiner milden Form zur Missionierung der anderen, in seiner brutalen Form zu ihrer Ausrottung. Immer da, wo Religion und Macht miteinander verbunden sind, sind Benachteiligung, Unterdrückung und Verfolgung nahe. Wo man sich die Totalität der Erkenntnis zuschreibt, da können Kreuzzüge vielerlei Art gar nicht vermieden werden. Wenn der amerikanische Präsident die Welt aufgeteilt sieht in die Sphäre der Erkenntnis, des Lichts und der Wahrheit einerseits und in die Sphäre der Bosheit und der Dämonen andererseits, dann folgen daraus notwendig die Aufrüstung und der Kampf der Guten gegen die Bösen. Diejenigen, die nicht zur Sphäre des Lichts gehören, sind die Vernichtbaren.

Es gibt nur eine Gruppe, die den besonderen Schutz Gottes, seine besondere Wahrheit, seine besondere Beachtung in Anspruch nehmen darf. Das sind die Opfer. Die Wahrheit ist bei den Opfern. Es gab einmal ein paar semitische Stämme in Ägypten unter der Herrschaft der Pharaonen, die Ziegel gebrannt haben für die Bauten der Mächtigen, deren Kinder von der Ausrottung bedroht waren und die wie Sklaven in jenem mächtigen Reich gelebt haben. Sie hat Gott auserwählt, sie hat er aus dem Sklavenhaus geführt. Und für diese Wahl gab es in der Tat einen Grund und eine Voraussetzung bei den Erwählten: ihre Armut, ihre materielle Not und ihre Unterdrückung. Gott ist ein Gott der Gerechtigkeit und des Lebens. Und damit ist seine Option klar und seine Wahl selbstverständlich. Er erwählt, was bedroht ist. Er macht Versprechungen, wo sie nötig sind, er ist Arzt für die Kranken, nicht für die Gesunden. Was den Menschen gering erscheint, das erwählt Gott. Die Mächtigen stürzt er vom Thron, die Niedrigen erwählt er. Er richtet auf, was geknickt ist. Er verbindet, was verwundet ist. Das Kriterium der Wahrheit sind die Opfer. Kein Großinquisitor hat die Wahrheit, kein Papst verwaltet sie, kein Konzil definiert sie, es sei denn das Konzil der Opfer oder das Konzil, das für die Opfer spricht, weil sie selbst keine Stimme mehr haben.

Wenn es viele Wege der Wahrheit und der Erkenntnis des Lebens gibt, was heißt das für die Mission? Ist sie unmöglich geworden? Werden wir nicht mehr weitersagen dürfen, woran wir glauben? Ich kann mir einen Menschen nicht vorstellen, der von seiner Sache überzeugt ist, sie liebt und auf sie setzt und der diese Sache zugleich als einen Privatschatz für sich selbst behält. Was man liebt, davon spricht man und dafür wirbt man. Es hat noch nie eine starke und überzeugende Idee gegeben, deren Träger nicht auch öffentlich werbend für sie eingetreten sind. Wir sind es uns nicht nur selbst schuldig, Konturen und ein Gesicht zu haben. Wir sind auch den anderen schuldig, für sie einsehbar und erkennbar zu sein. Sie müssen wissen, mit wem sie es zu tun haben, wofür wir stehen. Die Voraussetzung eines Dialogs ist nicht, daß man seine eigene Wahrheit und die eigene Gestalt des Lebens verbirgt. Miteinander reden können nur Menschen, die eine Geschichte, ein Gesicht und eine Sprache haben, die also füreinander identifizierbar sind. Die Annäherung der Gesichtslosen führt zu nichts.

Ein eigenes Gesicht haben, dieses aber nicht als Maske allen anderen vorschreiben; eine eigene Sprache haben und sie mit Stolz sprechen, sie aber nicht allen als die einzige diktieren; mehr nach der Übereinstimmung mit anderen suchen als nach den trennenden Grenzen – das hieße zugleich erwachsen sein. Und Christ zu sein hieße, die Versöhnung des Menschen mit Gott, die Versöhnung mit sich selbst und die Versöhnung mit der Welt zu glauben gegen alle augenscheinlichen Zerrissenheiten.

9. Umkehr

Unterbrechung der glatten Abläufe

*Bußrufe sind Verlockungen zu einem Leben,
das noch aussteht und noch nicht versucht wurde.
Was Lernen, Veränderung und Bekehrung
möglich macht, das ist nicht allein die Aufdeckung
des bisherigen Elends, sondern
die Erwartung eines bisher noch nicht eingelösten
Versprechens von Glück.
Bekehrung kommt nur zustande, wo große Träume
von menschlichem Glück eingeübt werden.*

Es gibt eine schweigende und unauffällige Beendigung des Lebens, die darin besteht, daß man sich selbst immer ähnlicher wird und sich immer stärker wiederholend zu sich selbst verhält: Man denkt die Gedanken, die man immer schon gedacht hat, nur fester und starrer; man geht mit den Menschen um, mit denen man immer schon umgegangen ist, und nur mit ihnen; man nimmt zur Kenntnis, was man immer schon wußte; man verhält sich, wie man sich immer schon verhalten hat. Das Leben wird zur ungestörten Wiederholung seiner selbst und eine dauernde Rückkehr zu sich selbst. Das Haus, an dem man baut, wird immer enger, so eng, daß es nur noch der eigene Sarg ist. Die Zukunft kann nur gedacht werden als die Befestigung und Verteidigung dessen, was immer schon war und was sich immer schon ereignet hat. Dies leuchtet ein und scheint dem Leben seinen Sinn zu geben, weil wir uns selbst am meisten einleuchten. Man verhält sich wie ein Erbe seiner selbst.

In der Bibel tritt dem Menschen, der sich selbst definiert hat und fertig mit sich selbst ist, der Prophet entgegen, die Stimme von außen, die den selbstgenüßlichen Menschen irritiert und ihn zum Fasten, Weinen und Klagen auffordert. Die eigenen Herzen soll man zerreißen, fordert Joel (2,13). Das Herz ist das Lebenszentrum, die Mitte und die sündige Kontinuität, die man mit sich selbst hat. Sie soll unterbrochen werden. Das Leben, das aus Selbstwiederholungen besteht, soll aufgebrochen werden. Was wir werden und was wir sein können, soll nicht ersichtlich und erwartbar sein aus dem, was wir sind und was wir waren. Umkehr, Bruch mit dem Alten, Hinwendung zu Neuem, Ungewohntem werden zu entscheidenden Lebensgesten. Das Heil liegt in den Unterbrechungen der zwanghaften Kreisläufe, die nie mehr als uns selbst produzieren. Dies ist leichter gesagt als getan. Brüche bedeuten zunächst einmal Angst. Denn jeder Ruf zur Umkehr und zum Bruch mit dem bisherigen Leben bedeutet eine Enteignung des Menschen. Der Mensch wird sich selbst weggenommen. Er soll sich von seinen Selbstdefinitionen trennen, von seinen Lebensgewohnheiten, von seiner Weise zu denken und die Welt aufzufassen; von dem, was ihm bisher das Leben zu garantieren schien. Er wird dazu aufgefordert, einen Teil seines bisherigen Lebens als falsch zu bezeichnen.

Man läßt sich das eigene Leben nicht gern diskreditieren. Man sagt nicht gern von einem Abschnitt des eigenen mit Freuden und unter Schmerzen gelebten Lebens, daß man falsch investiert hat, daß die Mühe umsonst war. Und dann: So brüchig das bisherige Leben war – man hat doch überlebt, man ist bis hierhin gekommen! Man ist nicht ganz gestorben und untergegangen. »Bisher jedenfalls ist der Dritte Weltkrieg durch die Rüstung verhindert worden!« Je unselbstverständlicher und mühevoller das Leben von Menschen war, je weniger spielerisch und reich es gewesen ist, je mehr sie dafür bezahlen mußten, desto krampfhafter werden sie an der alten Kärglichkeit festhalten. Um dies an einem politischen Beispiel zu sagen: Ein jüngerer Mensch, der durch den Nazi-Krieg nicht unmittelbar betroffen ist, wird mit leichter Zunge sagen können, daß dies ein verbrecherischer Krieg war und daß die Toten in ihm umsonst gestorben sind. Eine Mutter aber, die einen Sohn verloren hat, oder eine Frau, deren Mann darin umgekommen ist, wird sich nur unter großen Schmerzen zugeben können, daß der Mensch, den sie liebte, umsonst gestorben ist. Um ein Wort von Oskar Negt zu variieren: Der Erkenntniswert des Elends ist gering!

Die Bekehrungsrufe der Bibel sind nicht moralistisch, nie nur Entkleidung und Bloßstellung des Menschen. Sie sind immer Versprechungen des Lebens. Die Aufforderung beim Propheten Joel, die eigenen Herzen zu zerreißen und das alte Leben abzubrechen, geschieht um einer Verheißung willen: »Siehe, ich sende euch das Korn und den Wein und das Öl, daß ihr euch darin sättigt... Sei ohne Furcht, Acker, frohlocke und freue dich! Denn der Herr hat Großes getan. Fürchtet euch nicht, ihr Tiere des Feldes! Denn neu grünen die Auen der Trift, die Bäume tragen ihre Frucht, Feigenbaum und Weinstock geben ihren Ertrag.«

Von Schelte allein kann keiner leben und kommt niemand zum Leben. Das, wovon man sich abwenden soll, muß zugleich als die schlechtere Lebensmöglichkeit und als der verkappte Tod dargestellt werden. Das, wozu man sich hinwenden soll, muß als der größere Reichtum und die eindeutigere Schönheit erscheinen. Der Prophet, der sich auf Publikumsbeschimpfung beschränkt, wird nicht überzeugen. Bußrufe sind Verlockungen zu einem Leben, das noch aussteht und noch nicht versucht wurde. Was Lernen, Veränderung und Bekehrung möglich macht, das ist nicht allein die Aufdeckung des bisherigen Elends, sondern die Erwartung eines bisher noch nicht eingelösten Versprechens von Glück. Bekehrung kommt nur zustande, wo große Träume von menschlichem Glück eingeübt werden. Man kann erst umkehren, wenn man gelernt hat, daß das Leben nicht gleichgültig ist, und wenn eine Vision vorhanden ist, die Charme genug hat, uns anzulocken. Zur Umkehr wird man nicht getrieben, man wird zu ihr gezogen.

Die Lehre von der Gleichgültigkeit des Lebens kommt auf viele Weisen zustande. Zunächst durch die Umstände des Lebens selbst. Die Gleichgültigkeit des Lebens lernt man zum Beispiel, wo die Vernichtung des Menschen geplant oder zumindest eingeplant wird, wo man nicht mehr mit Toten, sondern mit Megatoten rechnet. Man lernt sie, wenn es nicht mehr wichtig ist, wofür die Intelligenz und die Arbeitskraft des Menschen eingesetzt wird: ob dazu, Bomben zu bauen oder Luxusgegenstände herzustellen oder Brot zu backen. Die erste Philosophie über das Leben bringt einem das Leben selbst bei, nicht irgendwelche schönen Sätze, die über das Leben gesprochen werden. Diese kommen nachträglich und kommen oft zu spät gegen die Realphilosophie des Lebens. Dennoch sind die Aussagen und Bilder, die ein Volk vom wahren Leben hat, nicht gleichgültig. Das Leben kann sich nicht halten, ohne daß wir eine Sprache und ohne daß wir Bilder vom Leben haben. Diese Bilder und diese zusammenhängende Sprache vom neuen Leben verlieren wir immer mehr. Was die Christen dieser Gesellschaft schuldig sind – zumindest dieses –, das ist die Sprache von dem, was kommen soll. Es muß von vielen das Unaussprechliche gesagt werden: daß das Lamm neben dem Panther lagern wird, daß das Kind an der Höhle der Viper spielen wird, daß die Toten nicht verloren sind, daß die Blinden sehen werden, daß Gott alles in allem sein wird. Es muß eine Sprache für das Unaussprechliche geben. Die wichtige Arbeit der Christen ist, am Aufbau der Träume zu helfen.

Es gibt kaum noch zusammenhängende, träumerische und von vielen akzeptierte Aussagen über den Menschen; über das, was er ist, über das, was er tun soll. Das macht Umkehr so schwer. Die alten Wörter Umkehr und Bekehrung setzen ein Grundwissen voraus: Es gibt eine Herkunft von uns allen und ein Ziel für uns alle. Es gibt einen Weg, auf dem dieses Ziel erreicht werden kann. Dieser Weg kann eindeutig bestimmt werden. Es gibt eine Sünde, die verschuldete Abirrung von diesem Ziel. Aber der Weg bleibt erkennbar und die Rückkehr ist möglich. Es gibt eine Instanz, vor der ich meinen Weg und die Erreichung meines Zieles verantworten muß. Ehe der einzelne denken, reden und handeln konnte, lagen Ziel und Weg fest. Die Menschen fanden sich immer schon in einer gemachten, konturierten und bekannten Welt. Dies ist heute anders. Unsere Kraft geht nicht mehr nur darauf, das Ziel zu erreichen, das gesteckt ist, und den Weg zu gehen, der geboten ist. Wir brauchen ganz andere Kräfte, für uns selbst und miteinander auszuhandeln, was unser Ziel sein und wie der Weg dazu aussehen könnte. Wir leben in einer immer weniger gestalteten Welt, in einer fast grenzenlos verschwommenen Welt. Das hat den Vorteil, daß wir den alten, uns aufoktroyierten Zielen und Wegen kündigen können. Aber dieses Kündigungsrecht muß bezahlt werden. Da uns wenig Grenzen von außen auferlegt sind, müssen wir uns selbst begrenzen: sagen, wer wir sind; bestimmen, was wichtig ist; ausmachen, wie wir unsere Wichtigkeiten verfolgen; erklären, zu welcher Geschichte wir uns rechnen. Die alte Frage war: Wie kommen wir aus den Zwängen, die uns von allen Seiten pressen? Die neue Frage ist: Wie kommen wir aus unserem wissenslosen und ziellosen Taumeln zu einer Richtung, die wir für uns selbst für verbindlich erklären? Wohin werden wir gehen, und was werden wir mit Ernst verfolgen? In die Beantwortung dieser Frage redet uns niemand mehr gewaltsam hinein. Wir sind gezwungen, mit unserer eigenen Stimme zu sprechen.

Aber wie soll man Buße tun, wie soll man sich abwenden von seinen falschen Wegen, wenn wir selber die Konstrukteure unserer Wege sind? Kann es denn überhaupt noch falsche oder richtige Wege geben? Sind nicht alle Wege, die wir versuchen, unendliche Wiederholungen und Fortschreibungen unser selbst? Kann der, der autonom geworden ist, sich noch an etwas messen? Aber ist das nicht die klassische Definition von Sünde: der Mensch, der sich selber Maßstab ist – homo incurvatus in se, der in sich selbst verkrümmte Mensch?

Ich glaube, man kann so etwas wie eine zweite Naivität versuchen, nachdem die erste zerbrochen ist. Wenn dem Menschen von außen niemand unmittelbar und gewaltsam dreinreden kann, wenn er schon nicht mehr vertreten werden kann in seinem Bewußtsein, in seiner Erkenntnis und in seiner Verantwortung, dann muß er um so stärker die beratenden Stimmen von außen sammeln. Wenn wir so schmerzhaft bei uns selbst sein müssen – ohne Väter und Mütter –, dann müssen wir um so energischer von uns weggehen und uns den geschwisterlichen Korrekturen, Kritiken, Ermutigungen aussetzen. Die verhängten Götter sind tot, aber man kann nicht leben ohne etwas, das größer und weiter ist als wir selbst. Wir müssen uns etwas suchen, was mehr verspricht, als wir selbst uns versprechen können. War in anderen Zeiten der Aufruhr gegen diese diktierten Götter nötig, so brauchen wir in unserer Zeit die Suche nach dem, mit dem wir übereinstimmen können. Die subjektivistische Übereinstimmung mit nicht mehr als mit uns selbst ist unser Tod. Wir müssen Leser der anderen werden, um nicht an dieser Übereinstimmung mit uns selbst zu ersticken. Wir müssen die Bibel lesen, die Lieder der Geschwister sammeln, ihre Geschichten überliefern, um aus unserer Selbstverkrümmung herauszukommen und um wieder irgendwohin gehen zu können. Diese Geschichten sind uns nicht mehr gewaltsam diktiert, um so besser können wir sie zärtlich hören. Wir müssen wieder Propheten finden und können uns nicht mehr damit begnügen, nur uns selbst Prophet zu sein.

Ich schreibe diese Sätze an einem Aschermittwoch. Eben habe ich mit einer Frau telefoniert, die aus festen katholischen Traditionen stammt. »Ich komme gerade von meinem Bruder«, sagt sie, »wir haben eine Flasche Wein miteinander getrunken.« Ich sage scherzhaft: »Schon am Vormittag, und dazu am Aschermittwoch?« Sie antwortet: »Wann ich büße, bestimme ich und nicht die Kirche!« Diese Frau wehrt sich gegen eine verhängte Weisheit. Zu Recht, denn verhängte Weisheiten sind keine Weisheiten. Aber mir bleiben einige Fragen.

Umkehr, Buße, Durchbrechungen der Geläufigkeiten des Lebens hatten früher feste Orte und feste Zeiten. Es gab den Aschermittwoch mit seinen großartigen Gesten, der die Fastenzeit eröffnete. Menschen gingen zur Kirche. Sie hörten die Bußtexte der Propheten. Sie bekamen das Aschenkreuz auf die Stirn, und es wurde ihnen gesagt: »Gedenke, Mensch, daß du Staub bist und zum Staub zurückkehren wirst!« In der Fastenzeit trank man keinen Alkohol, man rauchte nicht, die Kinder aßen keine Süßigkeiten. Man aß weniger Fleisch, man fastete an bestimmten Tagen. Fasten hieß: Man durchbrach die zwanghaften Abläufe, in die man geraten war, man stellte sich sich selbst in den Weg. Man versuchte eine größere Lebensdichte und Lebensintensität. Es gab nicht nur die große Fastenzeit im Frühjahr. Jeder beginnende Jahresabschnitt wurde durch ein kurzes Quartemberfasten eingeleitet. Die Adventszeit galt noch einmal als besondere Bußzeit. Die Hinkehr zum Leben, die Bekehrung hatte ihre Institution. Außer der Fastenzeit hatte die Buße noch andere feste Orte: die Beichte, die regelmäßige Gewissenserforschung, jährliche Exerzitien.

Solche Institutionen haben ihren eigenen Zwiespalt. Ihre Gefahr ist, daß ihre Angebote nur ritualisiert und routiniert wahrgenommen werden. Das Heil wird in diesem Fall im reinen Vollzug eines Rituals gesehen, nicht in der Umkehr der Herzen, für die der Gestus das sinnliche Zeichen ist. Aber die Institutionen, die eingerichteten Handlungen haben auch einen Vorteil. Sie sagen mir von außen, ohne mein Gewissen zu ersetzen, was zu tun ist. Sie machen mir einen Vorschlag der Lebensgestaltung. Sie sind wie ein guter Lehrer, zwar ohne Befehlsgewalt, aber mit einem Vorschlagsrecht. Der Satz der Katholikin »Wann ich büße, bestimme ich und nicht die Kirche« hat zwar seine logische Wahrheit, aber er ist praktisch ungenügend. Wir haben meistens nicht die Kraft, uns die jeweils angemessene Gestalt unserer Spiritualität zu geben. Meistens bleiben wir gestaltlos. Wir verkommen. Denn was seine Gestaltung nicht findet, das geht mit der Zeit auch als Idee verloren. Wir werden uns selbst und anderen immer undeutlicher und unerkennbarer. Es ist, als ob wir die Spielregeln eines Spiels kennten und schätzten, das Spiel aber nie spielten. Dann werden auch die Regeln mit der Zeit verlorengehen. Das Christentum geht verloren, wo es sich verschweigt, wo es sich nicht in Gesten und Zeichen und Aufführungen darstellt. Ich vermute, es hat in unserem Land noch nie eine Zeit gegeben, deren spiritueller Analphabetismus so groß war wie der unsrige, nie eine Zeit mit größerer spiritueller Provinzialität und Selbstgenügsamkeit. Die Werkzeuge, die unseren Vätern und Müttern in ihren Kämpfen und Hoffnungen geholfen haben, kennen wir kaum noch und gebrauchen sie noch weniger. Ihr Christentum schätzen die Christen abstrakt, als allgemeine Idee, aber nicht als Übung und Aufführung. Wir sind Leute, die sagen: Es ist herrlich, Brot im Schrank zu haben, die aber kaum von diesem Brot essen. Wir lesen nicht in der Bibel, wir beten wenig, wir gehen nicht zum Gottesdienst. Wir kennen die Beichte nicht mehr, die Gewissenserforschung. Wir kennen die eigenen Lieder nicht mehr, wir vergessen die eigenen Geschichten. Gewiß waren das oft genug Instrumente der Unterdrückung. Uns aber unterdrückt inzwischen nicht mehr die befohlene Äußerung des Glaubens, sondern die fast völlige Äußerungslosigkeit, die allgemeine Stummheit. Wer sind wir, daß wir die Instrumente der Toten so unbefragt und dumm wegwerfen? So viel haben wir gar nicht, wovon wir leben können, und wir müssen schon zusehen, ob wir die alten Kleider so leichtsinnig zu den Lumpen geben.

Vielleicht kommt unsere spirituelle Bescheidenheit daher, daß uns zu wenig auf den Nägeln brennt, daß wir zu wenig Wünsche an das Leben haben. Überall, wo christliche Gruppen sich finden, die eindeutige Wünsche und klare Interessen haben, da finden sich auch neue »Liturgien«. Bußliturgien, Fasten, Meditation, Schweigen, Beschränkungen im Konsum werden zum Beispiel immer mehr Praktiken von Gruppen, die für den Frieden und für die Erhaltung der Natur arbeiten. In fast allen großen Städten unseres Landes bereiten solche Gruppen, oft in der Karwoche, neue Liturgien mit alten Instrumenten vor. Das Christentum wird bei ihnen wieder mit konkreten Sachverhalten verbunden, es ist nicht mehr nur als eine allgemeine Stimmung da.

Umkehr ist eine schwere Arbeit. Die Abwendung von sich selbst, die Durchkreuzung der bisherigen Lebensattitüden, neues Denken zu lernen und sich neu zu komponieren, ist mit solchen Ängsten, Zusammenbrüchen und Schmerzen verbunden, daß man zunächst das neue Leben darin kaum wahrnehmen kann. Auf jeden Fall muß man aber sagen, daß der unkonvertierbare Mensch auf sein eigenes Ersticken zugeht. »Triebe sind konservativ«, sagt Freud. Das, was uns von Natur aus treibt, treibt uns eher zum Tod durch Erstarrung als zu neuem Leben. Die Übereinstimmung des Menschen mit sich selbst, die ungestörte Fortsetzung seiner selbst, die Abwesenheit von Brüchen führt in immer engere Spiralen, bis die Lebensbewegung ganz erloschen ist. Die Unbußfertigkeit führt nicht nur zum Tod, sie ist Erstarrung und ein Teil des Todes.

Ich erinnere mich an einen großen Konvertiten unserer Geschichte, an Franz von Assisi. Was wir von ihm und seinem Leben für überlieferungswürdig halten, beginnt mit einer großen Geste der Umkehr und der Trennung. Er bricht mit seinem Vater; er zieht seine Kleider aus, die er von seinem Vater hat, und wirft sie ihm zu Füßen. Er steht nackt und schutzlos da. Damit beginnt sein Leben. Er erfüllt die Erwartungen seines Vaters nicht. Er setzt sein bisheriges Leben nicht fort. Er tritt nicht in den Tuchhandel ein, wozu er durch seine Herkunft und durch das Geschäft seines Vaters vorherbestimmt ist. Er durchbricht die »Prädestinationen«. Das, was wir bei ihm Leben nennen, beginnt mit einer entschiedenen Gebärde der Verneinung. Es gibt kein Leben ohne die Negation der Korruption und des Todes. Diese Gebärde der Verneinung war nicht nur eine Geste des Anfangs seiner Bekehrung. Er behielt sie bei bis zu seinem Tod: Nein zum Besitz, Nein zu den Waffen, Nein zur folgenlosen Gelehrsamkeit, Nein zu äußeren Ehren und Ämtern! Nein zur Versöhnung mit sich selbst! Das ist nicht alles in seinem Leben. Seine Negationen dienen der großen Versöhnung mit den Menschen, mit der Natur und mit Gott. Aber diese große Versöhnung ist nicht zu denken ohne die Radikalität der Negation. Franziskus macht uns auf etwas aufmerksam: Man kann nicht wirklich leben, ohne sich zu sich selbst und zur korrupten Gegenwart ständig in Distanz zu bringen. Die Harmonien werden meistens vom Teufel gefordert, seltener von Gott.

Das heißt, daß der Mensch das wirkliche Leben nicht ohne den Schmerz der Trennungen haben kann. Der Schmerz ist die Signatur des Lebens. Dies ist eine alte Erkenntnis und gehörte lange zu unseren Weisheiten. Wir haben sie vielleicht eine Zeitlang verleugnen müssen, weil sie mißbraucht wurde; weil sie lange eine Weisheit der Unterdrückung und falscher Beruhigung war, empfohlen den Leidenden von den Leidenslosen. Dagegen haben wir uns zu Recht die Erlaubnis zum Glück verschafft. Glück aber als Übereinstimmung mit sich selbst und als Abwesenheit von Schmerz und Unruhe ist ein zu kurzes Ziel. Das Ziel muß weiter gesteckt werden. Es muß zur Übereinstimmung mit allen, zur Übereinstimmung mit der Natur und zur Übereinstimmung mit Gott werden.

10. Gesetzesverletzung

Ausbruch aus dem Gefängnis

*Alle Gesetze und Vorschriften,
alle Denk- und Verhaltenserlasse haben auf die Dauer
die Tendenz, nur sich selbst zu meinen,
nur sich selbst zu dienen und damit das Leben
zu unterdrücken. Weil es aber
eine größere Hoffnung gibt als die jetzt schon
erfüllbare, weil es größere Wünsche gibt
als die jetzt schon realisierbaren, darum kann
sich der Christ nicht völlig wiedererkennen
in der Gestalt der Gesellschaft und der Kirche.*

Folgende Szene wird uns im Neuen Testament erzählt: Jesus predigt, die Leute drängen sich um ihn. Kaum jemand kann durch die Menge kommen. Da wird Jesus berichtet, daß seine Mutter und seine Brüder unter den Leuten sind. Er antwortete: »Meine Mutter und meine Brüder sind die, welche das Wort Gottes hören und tun« (Lukas 8, 9–21). Die Menschen, die Jesus die Nachricht bringen von der Ankunft seiner Mutter und seiner Geschwister, haben klare Erwartungen und klare Vorstellungen. Sie wissen, was eine Mutter ist, welche Rechte sie auf ihr Kind hat. Sie wissen, wie der Sohn sich ihr und den Geschwistern gegenüber zu verhalten hat. Wie sich die Kinder zu den Eltern verhalten und wie sich die Eltern zu den Kindern verhalten, das gehört zum Grundwissen einer Gesellschaft. Die Menschen um Jesus gehen von diesem Grundwissen aus, von dieser selbstverständlichen Definition dessen, was man als Sohn zu tun hat. Jesus stört dieses Grundwissen, auf das sich alle geeinigt haben. Er antwortet mit einer Frage, die doch schon längst beantwortet scheint: Wer ist meine Mutter, wer sind meine Brüder? Er löst die stillschweigenden Übereinkünfte und die selbstverständlichen Definitionen auf. Er gibt eine neue Interpretation dessen, was unter Mutterschaft und Verwandtschaft zu verstehen sei: Wer das Wort Gottes hört und es tut, der ist Mutter und Bruder. Unter diese neu definierte Verwandtschaft mag die leibliche Mutter und mögen die natürlichen Brüder fallen. Aber es muß nicht so sein. Die Mutter und die Brüder haben selbst darüber zu entscheiden, ob sie Mutter oder Brüder sind. Die alten geltenden Gesetze der Beziehung und des Verhaltens werden durchbrochen. Das Leben wird neu interpretiert, weil Neues und mehr in ihm erwartet wird.

Jesus durchbricht die Gesetze, das ist einer seiner wichtigsten Züge. Die Bibel ist voll davon. Er war an einem Sabbat in der Synagoge, und er sah einen Mann mit einer abgestorbenen Hand. Seine Gegner beobachteten ihn, ob er diesen Kranken wohl am Sabbat heilen würde, »damit sie eine Anklage wider ihn finden könnten«. Er interpretiert den Sabbat neu: Es ist der Tag, an dem man Gutes tut und nicht Böses. Es ist der Tag, an dem man Menschenleben rettet und nicht verdirbt. Und dieser neuen Definition folgt die neue gesetzesbrecherische Praxis: Er heilte die Hand des Kranken. Seine Gegner »wurden voll sinnloser Wut und unterredeten sich miteinander, was sie Jesus wohl antun könnten« (Lukas 6, 6–11).

Wir wollen den Gegnern Jesu kein Unrecht tun: Sie haben einige ernsthafte Gründe für ihre Haltung. Sie vertreten ein Grundwissen über den Sabbat und über die Beziehung von Mutter und Sohn und von Sohn und Mutter, auf das sich alle oder doch fast alle geeinigt haben. Das ist ein starkes Argument für sie. Die Sätze, auf die sich viele geeinigt haben, setzt man nicht leichtfertig aufs Spiel. Einigungen kommen nur schwer zustande. Sie sind ein kostbarer Schatz, und sollen sie aufgebrochen werden, so liegt die Beweislast bei dem, der die Gesetze stört und der neue Perspektiven einführt. In diesem Grundwissen wird ja nicht nur das Leben geregelt, sondern in ihm und den daraus folgenden Praktiken vergewissert sich eine Gemeinschaft ihrer selbst. In dem von vielen geteilten Wissen und in der von allen ausgeübten Lebenspraxis sagt das Kollektiv, wer es ist, für was es steht, was es erhofft. Der Mensch hat ein Recht darauf, nicht ständigen Umdeutungen ausgesetzt zu sein, sich auszuruhen in dem erlebten Wissen und in den ererbten Gesten.

Die Gegner Jesu in der Synagoge haben nicht nur diesen formalen Grund für ihre Position. In dem speziellen Fall des Sabbatbruchs haben sie auch einen inhaltlichen Grund. Das Gesetz, das die Arbeit am Sabbat verbietet, ist schön. Einmal in der Woche darf der Mensch der Plage des Alltags entkommen. Einmal darf er tun, als sei das Leben Spiel und nicht Arbeit und Mühe. Einmal darf der Mensch einen Vorgriff wagen und tun, als sei er im Land des Spielens und der Freiheit schon angekommen. Und die verdorrte Hand? Der Mann hat jahrelang damit gelebt, warum kann er nicht bis zum nächsten Tag warten? Ich erinnere mich an meinen Vater: Er hatte neben seinem Beruf eine kleine Landwirtschaft. Zur Zeit der Heuernte war es oft sehr schwer, das Heu vor dem nächsten Regen hereinzubekommen. Er hatte keine Maschinen, und alles ging langsam. Aber auch wenn schlechtes Wetter drohte, wenn die Ernte auf dem Spiel stand, weigerte er sich, am Sonntag ins Heu zu gehen. »Wir arbeiten in der Woche genug«, sagte er dickköpfig. Diese Geste hatte ihre eigene Humanität. Er ließ sich seine Ruhe und Freiheit von zufälligen Umständen wie dem Wetter nicht nehmen. Könnten die Gegner Jesu ähnlich gedacht haben? Fast bin ich mehr auf ihrer Seite als auf der Seite Jesu.

Jesus geht davon aus, daß das Grundwissen einer Gesellschaft, ihre Gesetze und die in ihr vorherrschenden Definitionen des Menschen und seiner Handlungen vermischte und korruptionsanfällige Weisheiten sind. Eine der möglichen Korruptionen des Wissens einer Gesellschaft über sich selbst ist, daß es meistens ein pessimistisches Wissen ist, ein Erfahrungswissen, in dem vor allem die Negativitäten der menschlichen Schicksale gesammelt sind. Sie behalten sich leichter als die Erfahrungen des Gelingens. Folgendes zur Illustration: Ich habe gestern – an einem warmen Sommermorgen – einen Spaziergang gemacht. Der Fluß zog mich an mit seinen Kanälen und Seitenarmen. Plötzlich stand ich vor dem quadratischen Bau einer Jugendstrafanstalt. Hohe Mauern hinderten mich, auf den Hof zu sehen. Ich hörte aus der Anstalt fast keinen Ton, obwohl ich annehmen mußte, daß hinter den Mauern einige Hundert Jugendliche eingesperrt sind. Schilder wiesen mich darauf hin, daß ich keinen der Gefangenen ansprechen dürfe. Diese Mauern und dieser Bau sind das materialisierte pessimistische Grundwissen einer Gesellschaft. Es sagt mir: Es gibt schlechte und verbrecherische Menschen. Sie selber haben es bewiesen, denn sie haben gestohlen, geraubt, Gewalt gebraucht. Wir als Gesellschaft haben ein Recht zu überleben. Dieses Recht nehmen wir wahr, indem wir diese Menschen aussondern, nicht unmäßig hart, aber entschieden mit ihnen umgehen. Sie haben verdient, was sie bekommen. Wir sperren sie ein und können uns ihrer nur mit Gegengewalt erwehren.

Es ist schwer, etwas gegen diese pessimistischen Weisheiten zu sagen. Die Argumente stimmen, aber die Folgerungen sind hoffnungslos für die an einem schönen Sommertag ihrer Freiheit beraubten Jugendlichen. Die in unserer Gesellschaft gültigen Definitionen summieren die Vergangenheit dieser Menschen. Die Zukunft können sie nur denken als die Fortsetzung dieser mißglückten Vergangenheit. Insofern sind dies hoffnungslose Gesetze des Denkens. Gewalt kann nur mit Gewalt beantwortet werden – und so weiter! Die Kreisläufe werden nicht unterbrochen.

Nehmen wir als Gegenbeispiel die Geschichte von der Sünderin, wie Lukas sie erzählt (7, 36–50). Jesus ist eingeladen, bei einem Pharisäer zu essen. Eine Frau, die die Stadt als Sünderin kennt, kommt dazu. Sie salbt Jesus die Füße, sie weint, sie trocknet seine Füße mit ihren Haaren. Der Pharisäer denkt sich: »Wenn dieser ein Prophet wäre, wüßte er, wer es ist und was für eine Frau, die ihn anrührt!« Jesus teilt das Wissen des Pharisäers nicht. Darin hat der Pharisäer recht: Wenn dieser ein Prophet wäre, wüßte er, wer es ist! Der Pharisäer weiß. Er kennt die Vergangenheit dieser Frau. Ich nehme nicht an, daß er bösartig war. Er war nur pessimistisch. Er gab der Frau nur ihre eigene Kategorie zurück: Sie ist eine Sünderin. Und er hat recht damit auf seine düstere Weise. Seine pessimistische Konsequenz ist: meiden, diese Frau nicht berühren und sich nicht berühren lassen, sie aussondern aus der Welt, in der er lebt. Die Mauern des Gefängnisses, in das er die Frau verbannt, sind unsichtbar, aber nicht weniger unüberwindbar als die Mauern jener Jugendstrafanstalt.

Jesus bricht mit dem Wissen, das seine Gesellschaft von der Sünderin hat. Er wehrt sich nicht gegen die Zärtlichkeit der Hure. Er läßt sich berühren. Er schützt sich nicht vor dieser Frau. Statt des Vergangenheitswissens hat er einen Glauben an die mögliche Zukunft dieser Frau, vielleicht mehr Glauben, als sie selber an sich hat. Dieser Glaube ist riskanter als das Wissen des Pharisäers. Denn einmal wird Jesus, der sich nicht trennt von dieser Frau und sich berühren läßt, einbezogen in das verdammende Wissen der Pessimisten: »Die Pharisäer und die Schriftgelehrten murrten und sagten: Dieser nimmt Sünder an und ißt mit ihnen« (Lukas 15,2). Der Pessimist wählt die schlechtere Möglichkeit: daß der Reine verdorben wird durch die Korruption des Sünders. Er nimmt nicht an, daß der Sünder verändert werden kann durch die Hoffnung des Reinen. Riskant ist der Glaube Jesu auch deswegen, weil niemand ihm garantieren kann, daß seine Augen richtig sehen. Die Frau könnte sich auch gegen ihre eigene Zukunft wehren. Jesus kann scheitern mit seinem Glauben.

Jesus riskiert den Bruch mit den geltenden Grundannahmen. Wenn man etwas jesuanisch nennen kann, dann diese Geste der Veränderung der Erwartungen und der Perspektiven. Wenn etwas jesuanisch ist, dann die aus den geläufigen Daten nicht ableitbaren Prognosen für die Zukunft des Menschen: Den Sündern gehört die Zukunft Gottes, die Hungernden werden satt, die Weinenden werden lachen, die Blinden werden sehen, die Lahmen werden gehen, die Toten werden leben. Dies ist die Frechheit Jesu gegen die geltenden Annahmen und die herrschenden Gesetze seiner Gesellschaft.

Die in einer Gesellschaft vorherrschenden Definitionen sind durchweg pessimistisches Wissen. Das ist der eine Grund, warum Jesus sich ihm nicht unterwirft und die Gesetze bricht. Es gibt einen anderen Grund: Die Gesetze, die Übereinkünfte und das eingeschliffene Wissen einer Gesellschaft sind nicht nur Interpretationen des Lebens und ein hilfreiches Handlungswissen. Das einmal gefundene Wissen hat die Tendenz, sich an die Stelle des Lebens selbst zu setzen. Ich will dies an einem Beispiel erklären. In fast allen Regeln, die das Leben von Mönchen und Nonnen ordnen, gibt es Empfehlungen dafür, welche Kleider die Ordensleute tragen sollen. Meist sind die Bestimmungen ähnlich der Regelung, wie sie Benedikt seinen Mönchen gegeben hat: Um Farbe und Art der Kleidung sollen sich die Mönche keine besonderen Gedanken machen. Sie sollen gekleidet sein, wie es der Ort und die Witterung verlangen. In kalten Gegenden braucht man mehr, in warmen weniger. Man soll tragen, was in der Gegend üblich ist und was man billig bekommen kann. Mehr als das Notwendige soll keiner haben. Überflüssiges soll entfernt werden.

Dies ist eine gute Regelung: Niemand soll frieren, niemand soll zuviel haben. Die Kleidung soll billig sein. Dies alles soll kein Gegenstand großer Überlegung sein. Nun kann man den Geist dieser Regelung verraten, indem man den Buchstaben einhält. Und man kann den Buchstaben verlassen, um den Geist zu behalten. Man kann das, was die Ordensgründer zu ihrer Zeit und an ihren Orten als billig und angemessen gefunden haben, zur Tracht erklären, es in genauen Festlegungen vorschreiben für alle Orte und für alle Zeiten, den Buchstaben also erfüllen und doch den Geist verlassen. Oder man kann dem Geist des Gesetzes folgen und jeweils neu interpretieren, was angemessen und billig ist. Verweigert man diese neue Interpretation des Geistes, dann fängt sich das Leben in den Schlingen der Gesetze. Der Buchstabe wird Herr über den Geist. Die Hoffnung richtet sich auf die reine Wiederholung. Die Lebensrettung wird im exakten Vollzug des Gesetzes gesehen. Das Leben soll kalkulierbar werden durch die Rettungskraft der Formel.

Diese Formel kann eine Verhaltensvorschrift im direkten Sinn sein. Es kann vor allem auch eine vorgeschriebene Lebensauffassung sein. Nehmen wir dafür folgenden Satz: Die Russen werden die freie Welt angreifen, wenn diese nicht aufgerüstet ist. Dieser Satz ist kein Erfahrungssatz, denn bisher haben Teile der freien Welt ja bekanntlich die Russen angegriffen. Dieser Satz enthält zwei vorgeschriebene Interpretationen der Wirklichkeit. Die eine: die Russen! Sie sind zu denken als aggressiv, beutegierig und unberechenbar. Die andere: die freie Welt! Sie ist zu denken als friedlich, als gerecht und als der anderen Welt überlegen. Die Prognose ergibt sich schon aus dieser Art der Interpretation der Wirklichkeit: Sie werden angreifen. Und aus der Prognose ergibt sich die Handlungsanweisung: die Pflicht zur Aufrüstung. Solche vorgeschriebenen Interpretationen der Wirklichkeit können so mächtig sein, daß Informationen und Argumente nicht gegen sie ankommen.

Ich spreche hier nicht allein von schlechten Gesetzen, von Gesetzen, die diktiert sind von den Interessen der

Herrschenden zur Unterdrückung und Aussaugung des Volkes. Alle Gesetze und Vorschriften, alle Denk- und Verhaltenserlasse haben auf Dauer die Tendenz, nur sich selbst zu meinen, nur sich selbst zu dienen und damit das Leben zu unterdrücken.

Der Glaube drängt in die Illegalität, nicht nur in den Situationen extremer Korruption. Das lehrt uns der große jüdische Zersetzer. Das, was Christus für das Leben wünscht und erhofft, hat noch in keiner Gestalt der Kirche oder der Gesellschaft seine Erfüllung gefunden. Die Schönheit des Menschen, die Gott vorgesehen hat, hat viele Andeutungen gefunden. Von ihnen leben wir. Aber ihren endgültigen Platz hat sie nicht.

Weil es aber eine größere Hoffnung gibt als die jetzt schon erfüllbare, weil es größere Wünsche gibt als die jetzt schon realisierbaren, darum kann sich der Christ nicht völlig wiedererkennen in der Gestalt der Gesellschaft und der Kirche. »Macht euch nicht gleichförmig der Gestalt dieser Welt« (Römer 12,2). Es ist den Christen nicht möglich, zu Hause zu sein in den gültigen Denkfiguren, in den vorgeschriebenen Redeweisen, in den angebotenen Identitäten, in den erwarteten Weisen des Verhaltens. Diese Ungleichförmigkeit des Glaubens ist aber kein stilles und bei sich selbst bleibendes Ressentiment. Die Ungleichförmigkeit ist nicht der innere Vorbehalt einer kognitiven Minderheit. Keine »Welt« stört sich an inneren Vorbehalten. Bei Jesus war diese Distanz nicht besserwissende Zurückhaltung und Isolierung, sondern Angriff, für jedermann erkennbare Brüche mit den geltenden Definitionen und mit den auferlegten Gesetzen. Die Ungleichförmigkeit Jesu war für jeden sichtbar. Damit wurde er selbst belangbar von dem Gesetz, gegen das er verstieß. Wenn die »Neuheit des Geistes« (Römer 12,2) nicht sichtbar und nicht belangbar wird, nicht anklagbar, wenn sie nicht gefährlich wird, dann kann es nicht die jesuanische sein. Eine Wahrheit, die nicht bezeugt wird, die nicht nach außen dringt und ihre Gestalt und ihren Angriff findet, ist eine tote Erkenntnis. Jede folgenlose Wahrheit ist keine Wahrheit und hat keine Schönheit.

Das Wort Schönheit klingt fremd in diesem Zusammenhang. Darf man eine ästhetische Kategorie zur Beschreibung des Ernstes Jesu benützen? Ich denke an die Szene bei Johannes mit der Ehebrecherin (Johannes 8, 1–11), wo Jesus die Gesetze der allgemeinen Erwartungen brach. Um ihn ist der hoffnungslose Ernst derer versammelt, die das Gesetz kennen, es verwalten und anwenden. Sie haben eine Frau herbeigebracht, die die Ehe gebrochen hat. Die Gesetze sind bekannt, die Situation ist definiert. Zu folgen hat nur noch die Exekution: die Steinigung der Frau. »Was sagst nun du?« wird er gefragt. Jesus spielt. Er malt mit dem Finger auf der Erde. Er spielt ein riskantes Spiel. Denn seine Gegner wollen ihn fangen in seiner Antwort, die den allgemeinen Antworten widerspricht. Jesus spielt weiter. Er argumentiert eigentlich nicht. Er ordnet mit leichter Hand die Szene neu: »Wer unter euch ohne Sünde ist, der werfe den ersten Stein auf sie!« Er drückt den Verfolgern dieser Frau die tödlichen Steine in die Hände, und er bindet diese Hände zugleich. Er wechselt die Beleuchtung. Das Licht fällt auf die Ankläger der Frau: Wer unter euch ohne Sünde ist, werfe den Stein!

Mag sich die Szene so abgespielt haben oder nicht – die Menschen, die sie weitererzählt haben, und der, der sie aufgeschrieben hat, empfanden diese Inszenierung als die angemessene Darstellung für das, was Jesus meinte. Die Wahrheit Gottes kommt spielend.

Die Schönheit der Inszenierung entspricht der Schönheit Jesu und dem Charme von Menschen, die in Jesu Nachfolge ihre Freiheit nicht einfangen lassen in den Gesetzen der augenblicklichen Geltungen. Sie können spielerisch mit den Realitäten umgehen. Sie sind stolz und beugen sich nicht dem Bann des Augenblicks. Sie überwinden ihre Angst und spotten über die Mächte und Gewalten. Sie sind frei wie ein Vogel. Sie überwinden die Gesetze der Schwere und gewinnen neue Perspektiven. Vogelfrei werden sie allerdings auch in dem Sinne, daß man sie belangen wird für ihren Reichtum und ihre Schönheit. Gott läßt seiner nicht spotten, steht in der Bibel. Noch weniger aber lassen die gravitätischen Geltungen ihrer spotten.

Charmante Frechheiten gegen die bannenden Gesetze der Gegenwart werden nicht nur von Jesus erzählt. Die Subversion hat ihre Tradition gefunden im Christentum, wenn es auch nicht gerade dies ist, was hauptsächlich in unseren Kirchen überliefert wird. Eine solche kleine Geschichte wird von der heiligen Scholastika erzählt. Sie – so sagt die Überlieferung – war die Schwester des heiligen Benedikt von Nursia, des Gründers des Benediktinerordens und des Abtes von Monte Cassino. Einmal im Jahr, so heißt es in den Dialogen Gregors des Großen, verließ Benedikt sein Kloster, besuchte seine Schwester, aß und trank mit ihr und »sprach mit ihr über die Freuden des geistlichen Lebens«. Als regeltreuer Mönch achtete Benedikt darauf, bis zum Abend in seinem Kloster zurückzusein. Der Tag war wieder einmal da, und Benedikt besuchte mit seinen Brüdern Scholastika. Sie lobten Gott und aßen und tranken miteinander. Es war schon spät, und sie saßen immer noch bei Tisch. Da bat Scholastika ihren Bruder, die Nacht über bei ihr zu bleiben und sie nicht zu verlassen. Benedikt war außer sich über die Ordnungsverletzung, die ihm zugemutet wurde. In den Dialogen Gregors heißt es: »Was forderst du, meine Schwester! Unmöglich kann ich die Nacht außerhalb des Klosters verbringen!« Es war ein schöner Abend. Der Himmel war heiter. Scholastika war getroffen durch die Härte und Starre des Bruders. Sie legte ihren Kopf in die Hände und betete und weinte. Und als sie den Kopf hob, da blitzte und donnerte und goß es, so daß weder Benedikt noch seine Brüder einen Fuß vor die Tür setzen konnten. Der Wunsch und die Tränen der Schwester hatten den heiteren Himmel in stürmischen Regen verwandelt. Als Benedikt den Blitz und den Regen sah und den Donner hörte und merkte, daß er nicht zum Kloster zurückkehren konnte, da war er ärgerlich und traurig zugleich und sagte zu einer Schwester: »Gott sei dir gnädig, was hast du getan?« Die Schwester antwortete: »Ich habe dich gebeten, und du hast nicht gehört. Ich habe Gott gebeten, und er hat mich gehört. Jetzt verlaß mich doch, wenn du kannst, und geh zurück in dein Kloster!« Benedikt konnte aber nicht aus dem Haus. Und Gregor endet: Was er freiwillig nicht tun wollte, das mußte er nun gezwungenermaßen tun. Die alte römische Meßliturgie hat diesem »Verlaß mich doch, wenn du kannst!« eine kleine, freche, tänzerische Choralmelodie gegeben.

Dies ist keine große Geschichte. Sie hat keine Moral. Sie hat nichts als ihre eigene Schönheit. Sie ist ein kleines Stück frecher Poesie. Was ist das Leben in dieser Geschichte? Benedikt und Scholastika sind wie Legalität und Legitimität. Da ist der Mann, der Garant der Regel und der Ordnung. Er überwacht die Ordnung und legt sie aus. Vielleicht ist seine Ordnung nicht überflüssig. Auf jeden Fall ist sie in dieser Situation blind. Wer Ordnungen für die anderen auslegt, herrscht auch über sie. Benedikt ist nicht bösartig und herrschsüchtig. Aber er übt reale Herrschaft aus durch Auslegung der Ordnung für andere. Er erreicht den Geist nicht, er reicht in diesem Falle nicht bis an das Leben. Er will dem Leben dienen, er will Gott dienen mit der Anwendung des formalen Gesetzes. Herrschaft, Zwangsverhalten, Angst, Ordnung und Unfähigkeit zu leben gehen oft zusammen. Benedikt will das Leben verschieben auf das nächste Jahr, wenn er wieder zu seiner Schwester kommen wird. Dann will er wieder mit ihr essen und trinken. Dann will er wieder mit ihr »über die Freuden des geistlichen Lebens« reden. Nur nicht jetzt! Jetzt hat er Angst vor seiner Ordnung und unterwirft sich ihr – sich und seine Schwester. Aber – so erzählt die Geschichte weiter – dies ist das letzte Mal, daß er seine Schwester lebend sieht. Im Jahr darauf ist sie tot. Das Leben läßt sich nicht verschieben und aufsparen.

Man könnte größere und bedeutendere Geschichten aus der subversiven Nachfolge Christi erzählen. Aber diese ist schön wie ein kleines Unkraut im Garten Gottes. Und Schönheit braucht keine Rechtfertigung.

11. Identität

Luthers Befreiung von sich selbst

*Trost kann man sich nicht selbst spenden,
Mut kann man sich nur bedingt selbst zureden,
und vergeben kann man sich nicht selbst.
Man braucht dazu eine fremde Stimme. Wer man ist,
erfährt man draußen. Luther verzichtet darauf,
die Wahrheit über sich in sich selbst zu finden.
Er findet seine Wahrheit draußen
im freisprechenden Urteil Gottes.*

Im Kloster geht Gottes Wort nicht. Ein klösterliches Gelübde ablegen heißt Gott verleugnen, denn mit ihm bindet man sich an einen Ort, an dem Gottes Wort unmöglich ist. So urteilt Martin Luther über die 15 Jahre als Mönch bei den Augustiner-Eremiten in Erfurt und Wittenberg. An anderer Stelle spricht er noch härter: 15 Jahre habe er Christus gekreuzigt als Mönch. 15 Jahre sei er ein Zauberer und Gaukler, ein Sänger und Pfaff des Teufels gewesen. 15 Jahre hat er die Messe im Kloster gelesen, und er wünscht sich später, in dieser Zeit lieber jemanden ermordet oder die Frau eines anderen verführt zu haben. Dies wäre weniger schlimm gewesen. 15 Jahre hat er gerettet werden wollen vor Gott durch das Mönchsgewand. »Jetzt schisse ich drein«, sagt er später.

Wie kommt ein Mensch dazu, einen erheblichen Teil seines Lebens so radikal zu verdammen, für verloren zu erklären und für eine »zermarterte Jugend« zu halten? Waren die Augustiner-Eremiten ein besonders verkommener oder ein besonders strenger Orden? Sie waren beides nicht im Vergleich zur Gesamtlage der Orden in jener Zeit. Der Augustinerorden ist im 13. Jahrhundert aus einer Vereinigung lose miteinander verbundener Eremiten hervorgegangen. Er war einer der neuen Bettelorden jener Epoche. Zwar hatte Luthers Konvent das Betteln kaum noch nötig, es war wohl eher eine Demutsübung für junge Mönche als eine wirkliche Notwendigkeit. Aber der Konvent war auch nicht überreich. Zur Zeit Luthers gab es Flügelkämpfe im Orden zwischen einer reformwilligen und einer die Reform ablehnende Partei. 1504 bekam der Orden eine verhältnismäßig milde Satzung, die aber nicht von allen Konventen angenommen wurde.

Die Augustiner-Eremiten lebten nach der Augustinerregel. Sie ist die älteste Regel des Abendlandes. Als Vorbild und Ideal hat sie die Güter- und Liebesgemeinschaft der Urkirche. Unter dieser Regel sollten die Brüder zusammenleben »nicht wie Sklaven unter dem Gesetz, sondern wie Freie unter der Gnade«. Der Anfang der Regel nennt das Ziel des Zusammenlebens: »Das erste Ziel eures gemeinsamen Lebens ist, in Eintracht zusammenzuwohnen und ein Herz und eine Seele in Gott zu haben. Deshalb nennt nichts euer eigen, sondern alles gehöre euch gemeinsam, und durch euren Obern werde jedem von euch Nahrung und Kleidung zugeteilt, nicht allen in gleicher Weise, weil ihr nicht alle die gleiche Gesundheit habt, sondern vielmehr so, wie jeder es nötig hat. So lest ihr ja in der Apostelgeschichte: alles hatten sie gemeinsam, und jedem wurde zugeteilt, je nachdem er es bedurfte.« Die Besitzlosigkeit der Mönche ist also nicht asketisches Selbstziel, sie ermöglicht vielmehr die Brüderlichkeit der Gruppe. Luthers hartes Urteil über seine Klosterzeit ist schwer zu verstehen, wenn man die Humanität dieser Regel wahrnimmt.

Wie er ins Kloster kam, beschreibt Luther später in seinen Tischreden. Er hatte 1505 mit Glanz sein Magisterexamen bestanden und nach dem Willen seines Vaters das Studium der Rechte begonnen. Er war in einem Zustand von Trauer und Depression, wie er nicht selten ist, wenn eine Lebensphase abgeschlossen und die neue kaum begonnen ist. Im Juli jenes Jahres wird er auf einer Reise in der Nähe des Dorfes Stotternheim von einem heftigen Gewitter überrascht. Ein anderer Bericht sagt, daß zu ihm »eine erschreckliche Erscheinung vom Himmel« kam. In seiner Angst ruft Luther: »Hilf du, Sankt Anna, ich will ein Mönch werden!« An dieses Versprechen fühlt er sich gebunden, wenn es ihn auch bald reut und ihm der Schritt ins Kloster schwerfällt. Später wird er sagen, dieses sei nicht ein freiwilliger, sondern ein von der Angst erzwungener Eintritt gewesen. Er feiert noch einmal mit seinen Freunden bei Wein und Musik. Am nächsten Morgen begleiten ihn die Freunde bis zur Klosterpforte.

Es ist ungewiß, wie weit diesen Berichten zu trauen ist. Luther hatte immer ein großes Geschick, sich seine eigene Biographie zu erstellen. Er spricht oft und an verschiedenen Stellen von seinem Eintritt, und das zeigt, wie wichtig es für ihn war, diesen entscheidenden Schritt seines Lebens sinnvoll zu interpretieren. Aber je öfter er über die Gründe seines Eintritts spricht, desto schwieriger sind sie für uns zu ermitteln. Er sei ins Kloster gegangen, weil ihn die Eltern ängstlich gemacht hätten, sagt er an einer Stelle. Er habe fromm werden und genugtun wollen, er habe das ewige Leben erwerben wollen, sagt er anderswo.

Genugtun, fromm werden, das ewige Leben erwerben – das sind eher neue Verschlüsselungen als Erklärungen. Aber sie lassen uns erkennen: Dieser Mensch will etwas mit seinem Leben. Er setzt wie ein leidenschaftlicher Spieler alles auf eine Karte. Er geht nicht »des Bauches wegen«, eines bequemen Lebens wegen ins Kloster, damals durchaus ein geläufiges Motiv. Einen solchen Schritt ernsthaft zu tun, dazu gehört ein Stück Maßlosigkeit und Unbescheidenheit. Und zu einer solchen Maßlosigkeit, Radikalität und Kompromißlosigkeit ermuntert das Evangelium durchaus. Wie man auch immer diesen Schritt beurteilt, seinen evangelischen Ernst kann man nicht psychologisierend weginterpretieren.

Vergegenwärtigen wir uns die radikale Veränderung, die ein solcher Schritt bedeutet! Der Eintritt wurde von den Mönchen wie die Taufe als ein Sterben des alten Menschen und als eine neue Geburt verstanden. Dies war nicht nur eine mystische Interpretation, sondern hatte eine höchst reale Bedeutung. Luther verliert seine Freunde, als er ins Kloster geht. Beim Abschied sagt er ihnen: »Heute seht ihr mich, und dann nimmermehr!« Es steht zu erwarten, daß er auf Jahre seine Eltern nicht sieht. Er hat ihnen kaum schreiben können. Wenn er ihnen schrieb, dann so, daß seine Briefe von den Ordensoberen gelesen werden konnten. Er wird also aus seinen bisherigen sozialen Beziehungen und aus seinen alten Intimitäten herausgerissen. Dies alles bedeutet einen tiefen Bruch mit seiner bisherigen Identität. Aus einem studentisch-lauten und bunten Leben kommt er in die an äußeren Reizen arme Klosterwelt. Er sieht wenig Abwechselndes. Aus einer lärmenden Umgebung kommt er zunächst in eine fast absolute Stille. Gesprochen soll in seiner neuen Umgebung nur das Notwendigste werden. Man verständigt sich über weite Teile des Tages nur mit Zeichen. Wir wissen aus vielen Berichten von Menschen, die plötzlicher Stille über lange Zeit ausgesetzt waren, wie diese Stille durchaus nicht beruhigend, sondern höchst aufreizend sein kann. Sie löst Entzugserscheinungen aus und einen unbändigen Hunger nach Geräuschen.

Mit dem Eintritt ins Kloster bekommt Luther ein neues Kleid und einen neuen Namen. Er heißt von da ab Augustinus. Später, noch im Kloster, hat er allerdings seinen Taufnamen wieder angenommen. Kleid und Name sind dem Menschen nicht etwas, das ihm nur äußerlich anhaftet. Der neue Name ist Ausdruck des Bruches mit dem bisher gelebten Leben und die Anforderung an ihn, sein Leben gänzlich neu zu organisieren. Kleid und Name sind nicht gewählt, sie sind verhängt. Es ist das Kleid, das alle tragen, und der Name, der nicht nur die persönliche Biographie zusammenfaßt, sondern mit der Biographie der Kommunität im Zusammenhang steht. Kleid und Name sind ein Befehl, mit der Individualität zu brechen und sich hauptsächlich als einen von vielen zu verstehen. Luther wird in eine Rolle gewiesen, die er sich nicht selbst erobert hat: Er wird Augustiner. Er ist nicht mehr sein eigener Herr und Maßgeber. Wer er ist und wie er sich zu verhalten hat, das sagt ihm das Kollektiv. Nicht einmal seine Schuld hat er für sich allein. Er veröffentlicht sie in vielen Beichten vor seinem Beichtvater, und seine äußeren Fehler bekennt er im Schuldkapitel vor vielen Brüdern.

Das Leben im Kloster ist ihm vorgegeben, er macht und organisiert es nicht selbst. Das ist eine weitere und entscheidende Veränderung im Leben des jungen Mönchs. Für alles gibt es Regeln und vorliegende Verhaltensweisen. Sie hat er im Gehorsam zu ergreifen. Im Verständnis jener Zeit macht den Mönch vor allem der Gehorsam aus. Seine eigentliche Qualität besteht darin, daß er nicht mehr über sich selbst verfügt. Die Nachfolge Christi wird formalisiert zum Gehorsam den kirchlichen Oberen gegenüber. Die Augustinerregel, nach der Luther lebte, ist verhältnismäßig milde in der Auffassung vom Gehorsam. Dem Vorgesetzten, der für alle Sorge trägt, sollen die Mönche gehorchen wie einem Vater, sagt sie. Im übrigen wendet sich das Gehorsamskapitel eher drohend gegen den Oberen, der Gehorsam verlangt. Durch sein Amt steht er den Mönchen zwar vor, aber im Angesicht Gottes soll er ihnen allen zu Füßen liegen und ihnen dienen. Aber die Augustiner jener Zeit haben nicht nur ihre Regel. Sie kennen die übrigen klösterlichen Traditionen, die viel entschiedener die Selbstaufgabe des Mönchs im Gehorsam fordern. Ein wichtiges Dokument war zum Beispiel die Benediktinerregel. Sie fordert einen Gehorsam ohne jede Verzögerung. Gehorsam, so sagt sie, ist die Sache der Mönche, die Christus nichts vorziehen. Unverzüglicher Gehorsam heißt, sich an nichts klammern, alle eigenen Pläne lassen, alles aus der Hand legen, von der Arbeit aufstehen, wenn ein anderer Befehl gegeben wird, dem Befehl die Tat auf dem Fuß folgen lassen. Im Blick auf Gott sollen in Sekundenschnelle Befehl und seine Ausführung aufeinander folgen. Dieser Gehorsam ist angenehm vor Gott und den Menschen ein Vorbild, wenn er ohne Zögern, nicht säumig, nicht mit halbem Herzen oder mit Murren geleistet wird. Der Gehorsam gegen die Oberen ist Gehorsam gegen Gott. Der Mönch soll die Befehle der Oberen lieben und mit ihnen innerlich übereinstimmen. Die Stimme seines Gewissens liegt draußen, in den Worten des Oberen und in den Sätzen der Regel.

Wie gefährlich dieses Verständnis von Gehorsam ist, dürfte einleuchten. Schwerer zu verstehen ist, wieso diese Gehorsamsforderung einen begabten und sensiblen Menschen wie Luther anziehen konnte. Luther ist 22 Jahre alt, als er ins Kloster eintritt. Die Perioden der Trauer in dieser Zeit zeigen, daß er nur schwer mit sich zurechtkommt. Dies ist nicht ein Zeichen von Krankheit, sondern ein Ausdruck seiner radikalen Lebenswünsche und der Unabgeschlossenheit seiner Person. Für die Realisierung dieser radikalen Wünsche scheint ihm nur ein Weg offenzustehen: nämlich das Sterben und die Selbstaufgabe. Sterben in dem Sinn, daß er sich los wird, frei wird von seinem eigenen noch unklaren Willen, nach einer Vorlage lebt, die älter und größer ist als er selbst. Nach fremden Lebensmustern zu leben ist ein Akt gewaltsamer Selbstkonturierung. Man versucht ihn vor allem, wenn man sich selbst noch nichts zutraut und wenn man zum eigenen Reichtum noch unterwegs ist. Die Aufgabe des eigenen Willens und der eigenen Wünsche, die Abtötung scheint der einzig mögliche Weg zum Leben. Sie befreit von der eigenen Ambivalenz, der eigenen Unsicherheit und Ziellosigkeit. Luther übte einen ängstlichen Gehorsam. Für schrecklich hielt er den Ungehorsam eines Mönchs. »Würde jemand Berge versetzen, dies aber außerhalb des Gehorsams, dann wäre es Sünde«, sagte er in seiner ersten Psalmenvorlesung.

Luthers Eintritt ins Kloster war ein entscheidender Lebensbruch. Lebensbrüche erzeugen, zumindest bei Menschen von seiner Radikalität und Sensibilität, tiefe Ängste. Das muß ja nicht nur etwas Negatives sein. Denn ohne Angst kann man nicht lernen. Wer nur in Übereinstimmung mit sich selbst bleibt, kann kaum ein erwachsener und reicher Mensch werden. Aber diese Ängste können gefährlich werden, es können Depressionen und Neurosen daraus entstehen. Und dies war bei Luther zumindest zeitweise der Fall. Es ist, als ob der Mensch in einem solchen Zustand wie ein Künstler aufs äußerste mit sich selbst experimentiert. Von seinen Ängsten während der Klosterzeit spricht Luther immer wieder. Bei aller Selbststilisierung scheint dies das Authentischste, was er aus seiner Klosterzeit überliefert. Es war im Kloster verboten, ohne Skapulier – ein klösterliches Übergewand – die eigene Zelle zu verlassen. Vergaß Luther dies einmal, so hielt er diese äußere Regelverletzung für eine unvergebbare Sünde. Wenn er einmal viel zu arbeiten hatte und dadurch ein vorgeschriebenes Gebet versäumte, schloß er sich in seine Zelle ein und holte Wochen seiner Pflichtgebete nach. Er war so ängstlich, daß er ohne Erlaubnis seiner Oberen nicht einmal eine Schreibfeder besitzen wollte. Hätte er an einem Freitag einen Bissen Fleisch essen sollen – so berichtet er –, so hätte er gedacht, die Erde müsse ihn verschlingen. Es ist während der ersten Zeit seines Klosterlebens so, als könnte ihm die rituelle Korrektheit seine innere Ruhe garantieren und als entzöge die Verletzung einer äußeren Regel ihm auch jeden inneren Halt.

Von dieser Angst ist auch seine Frömmigkeit und sein Verhältnis zu Gott bestimmt. »Ich bin oft vor dem Namen

Jesu erschrocken«, sagt er. »Und wenn ich ihn anblickte am Kreuz, so dünkte mich, er wäre mir als ein Blitz, und wenn sein Name genannt wurde, so hätte ich lieber den Teufel hören nennen; denn ich gedachte, ich müßte so lange gute Werke tun, bis Christus mir dadurch zum Freund und gnädig gemacht würde.« Er zittert vor dem Namen Christi und flieht ihn. Er steht unter dem Gefühl, unrein zu sein, und unter dem Zwang, sich ständig zu reinigen. Er hat das Gefühl, nicht eine Stunde nach der Beichte sündenlos und des Sakramentes würdig bleiben zu können. Er hat gerne gebetet. Aber er hat ständig das Gefühl, daß seine Gebete nicht lauter sind. In seiner ganzen Klosterzeit habe er kein einziges reines Vaterunser gebetet, sagt er von sich selbst. In einer Art Waschzwang beichtet er immer wieder, obwohl er nur »Humpelwerk und Puppensünden« zu beichten hat, wie ihm sein Ordensoberer und väterlicher Freund Staupitz sagt. So oft er kann, legt er eine Generalbeichte ab. Das heißt, er beichtet noch einmal systematisch alle Verfehlungen seines Lebens, auch wenn er sie früher schon einmal bekannt und die Lossprechung erhalten hat. Folgende Episode wird überliefert: In der Messe wird das Evangelium von der Heilung des Besessenen verlesen. Im Markustext schreit der Besessene: »Was habe ich mit dir zu schaffen, Jesus von Nazareth? Bist du gekommen, uns zu verderben?« Da sei Luther niedergestürzt und habe geschrien: »Ich bin es nicht, ich nicht!« Luthers spätere Gegner, vor allem Cochläus, haben diese Geschichte immer wieder zitiert zum Beweis dafür, daß er schon früh vom Teufel besessen gewesen sei.

Luthers Kloster war nicht der Grund für seine Neurose, aber es war der Ort, der sie dramatisch freisetzte und an dem die Heilung eingeleitet wurde. Man könnte das Kloster als den Ort der erlaubten Neurose bezeichnen. Der Vorteil des Klosters war, daß seine Neurose sich dort abspielen konnte, ohne daß sie von Luther und seinen Brüdern als solche erkannt und gedeutet wurde. Merkwürdig kam ihnen dieser junge Mönch schon vor mit seiner Trauer, seiner Regelgenauigkeit, mit seinen Bußübungen und mit seinen Gewissensqualen. Aber diese Merkwürdigkeiten wurden positiv gedeutet, als eine besondere religiöse Begabung und als Zeichen einer außerordentlichen Berufung. Schließlich waren solche Vorkommnisse durch viele Beispiele von Heiligen legitimiert. Er war im Urteil der Brüder nicht der Psychopath, den man entlassen mußte, sondern der besonders auserwählte Bruder, auf den man ein Augenmerk hatte und dessen Weg man förderte. Selbst ein so zurückhaltender theologischer Vorgesetzter wie der Professor Nathin empfahl den Nonnen im Kloster Mülhausen den jungen Mönch als einen zweiten Paulus, dessen Bekehrung wunderbar sei.

Einen entscheidenden Freund fand Luther in Johannes Staupitz. Er war Luthers Oberer und Beichtvater. Staupitz hatte während seines Lebens viele Ämter inne. Er war Prior des Augustinerkonvents in München, er war Generalvikar seines Ordens, er war Professor an der neugegründeten Universität zu Wittenberg. Später sollte Luther einen Lehrstuhl erhalten. Obwohl eher ein Kirchenpolitiker als ein tiefer Theologe, erkannte er als erster Luthers Begabung. Noch in seinem letzten Brief von 1523, als Staupitz Benediktinerabt in Salzburg war und Luther sich schon weit von ihm entfernt hatte, bekennt Staupitz, er liebe ihn mehr als eine Frau.

Dieser Staupitz hat Luther nichts gesagt, was dieser nicht auch sonstwo hätte lesen können. Aber auf ihn konnte der in sich selbst verkrallte und von sich selbst nicht loskommende junge Mann hören. Und so wurde Staupitz ihm »Vater im Evangelium«, weniger wegen seiner Klugheit oder seiner Frömmigkeit, sondern weil Luther ihm vertraute und ihn zum Vater erkor. Luther berichtete im Alter folgenden Vorfall: Während einer Fronleichnamsprozession schritt er hinter Staupitz, der das Allerheiligste trug. Plötzlich überfielen ihn zerschmetternde Unwürdigkeitsgefühle, und eine betäubende Angst ergriff ihn. Der Schweiß brach ihm aus, und er fürchtete, ohnmächtig zu werden. Später offenbarte er Staupitz diese Ängste. Dieser antwortete ihm: »Es ist nicht Christus, der dich erschreckt hat. Christus erschreckt nicht, er tröstet.«

So schön dieser Satz ist, so ist er doch nicht neu.

Diesen und ähnliche Sätze hätte Luther in der monastischen Literatur hundertfach finden können. Aber es gibt offensichtlich Sätze, die man nicht selbst finden und sich nicht selbst sagen kann. Trost kann man sich nicht selbst spenden, Mut kann man sich nur bedingt selbst zureden, und vergeben kann man sich nicht selbst. Man braucht dazu eine fremde Stimme. Wer man ist, erfährt man draußen. Und Johannes Staupitz war für den Mönch diese Stimme von draußen. Staupitz hat, so sagt es Luther später, die neue Lehre angefangen. Und doch war wenig neu an dem, was Staupitz sagte. Aber er hat das ausgesprochen, was Martin zu jener Zeit brauchte.

Ein anderes hat Staupitz getan: Er hat Luther zum Arbeiten gebracht, nämlich zum Lehren und Predigen. 1507 wird Luther zum Priester geweiht. 1508 wird er nach Wittenberg versetzt. Staupitz hat ihn systematisch auf die Übernahme seines eigenen Lehrstuhls an der dortigen jungen Universität vorbereitet. Luther erwirbt weitere akademische Grade. 1512 wird er zum Doktor der Theologie promoviert. Weder das Predigen noch das Lehren noch die für Luther frühe Würde des Doktorats traut er sich zu. Noch ist er zu sehr in sich selbst und in seinen Ängsten und Gewissensqualen verfangen. Dem Doktorat will er sich entziehen mit der Entschuldigung, er sei zu krank dafür und er werde darüber sterben. Der menschenerfahrene Staupitz antwortet ihm trocken: »Es ist gleich recht. Unser Herrgott hat jetzt viel zu schaffen. Wenn Ihr sterbt, so kommt Ihr in seinen Rat, denn er muß auch einige Doctores haben!«

Mit solchem entwaffnenden Spott scheint er Luther oft begegnet zu sein. Die neue Arbeit reißt den Mönch aus seinen Selbstbetrachtungen. Seine Spekulationen können nun nicht mehr der reine Aufschrei eines gequälten Gewissens bleiben. Als Lehrer und Prediger muß er das, was er denkt, aussagbar machen für viele. Das heißt, er muß neu und anders daran arbeiten. Er spricht nun für seine Hörer, nicht mehr nur für sich selbst.

Bald kommt Luther selbst in die Rolle, die Staupitz ihm gegenüber eingenommen hatte. Es beginnt eine Zeit emsiger und rastloser Arbeit. Luther bleibt nicht der stille Mönch in seiner Zelle. Er wird Subprior seines Klosters, später Distriktsvikar, der ein Dutzend andere Klöster zu beaufsichtigen hat. In dieser Zeit schreibt er einem Freund: »Für meine Arbeit brauche ich zwei Schreiber oder Kanzlisten. Ich tue fast nichts am Tag als Briefe abfassen. Ich bin Klosterprediger, Vorsteher bei Tisch, werde täglich in die Pfarrkirche gerufen zum Predigen, bin Studienaufseher, Vikar, was so viel heißt wie Prior über elf Klöster, Kontrolleur unserer Fischteiche bei Litzkau, Anwalt in Sachen der Herzberger Mönche zu Torgau, ich halte Vorlesungen über Paulus. Selten bleibt mir die Zeit, die Horen zu verrichten oder Messe zu lesen bei all diesen Versuchungen des Fleisches, der Welt und des Teufels.«

Luther beschreibt später sein Klosterleben vor allem als die Zeit seiner Ängste. Aber es ist auch die Zeit einer außerordentlichen Wirksamkeit als Lehrer, als Seelsorger und als Kirchenpolitiker.

In dieser Zeit der größer werdenden äußeren Anforderungen und damit der Befreiung von seinem um sich selbst kreisenden Denken werden seine inneren Themen zu lutherischer Theologie. Dies kann man verfolgen am Beispiel des Gehorsams. Wie schon erwähnt, hatte der junge Mönch ein formales und legalistisches Verständnis vom Gehorsam. Dies entsprach allerdings dem monastischen Klima jener Zeit. Die geringste Abweichung von dem geregelten Leben stürzte ihn in Gewissensbedrängnis, wie Regelverletzungen bei Menschen, die sich ihrer selbst nicht gewiß sind, immer Chaosängste hervorrufen. Seine Angst vor Ungehorsam könnte man so formulieren: Ich bin verdammt, wenn ich von den vorgegebenen und befohlenen Mustern abweiche. Er will sich selbst gewinnen in der Einhaltung von Regeln. Daran scheitert er, und es wächst ein anderes Verständnis von Gehorsam. Durch große Verzweiflung hindurch verzichtet er auf Selbstgewinnung und Selbststellung. Er verzichtet darauf, sich selbst zu beurteilen, er läßt sich von außen beurteilen. Gehorsam heißt für Luther nun nicht mehr, nach äußeren Regeln zu leben. Gehorsam heißt, den Spielregeln Gottes zu folgen, der den unmöglichen Menschen gerechtspricht. Diesen Spielregeln zu trauen, dazu hat ihn Staupitz früh ermuntert. Er hat ihm gesagt: Quäle dich nicht mit eigenen Spekulationen und mit deinen selbstverfertigten Maßstäben! Vergiß jedes Selbsturteil über dich! Schau die Wunden Christi an und sein Blut, das er für dich vergossen hat!

In seinen frühen Vorlesungen hat Luther dies so formuliert: »Absterben und abgestreift werden muß all unsere Weisheit und Gerechtigkeit. Nur so können wir die Weisheit und Gerechtigkeit Gottes anziehen!« Luther verzichtet darauf, die Wahrheit über sich in sich selbst zu finden. Diese seine eigene Wahrheit ist zum Verzweifeln. Sie ist nur Sünde und Gewissensqual. Er findet seine Wahrheit draußen im freisprechenden Urteil Gottes. Eine andere Wahrheit will er von da an für sein Leben nicht mehr gelten lassen. Das ist eine neue theologische Klarheit in jener Zeit, wenn auch kein neuer theologischer Satz.

Luther ist im Kloster nicht nur ein neuer Theologe geworden. Er ist vor allem erwachsen geworden. Er hat die jugendliche Wer-bin-ich-Frage aufgegeben oder zumindest darauf verzichtet, sie sich selbst zu beantworten. Es ist eine jugendliche Eigenart, niemand die Kenntnis seiner selbst zuzutrauen außer sich selber; von niemand ein Urteil über sich zu akzeptieren außer von sich selber. Und dieses Urteil ist bei ernsthaften jungen Menschen schrecklicher, als ein schrecklicher Richter es verhängen könnte. Luther kriecht in das Urteil Gottes, und er ist gerettet. 1521 formuliert er die neue Freiheit und den neuen Gehorsam in seiner Schrift über die Mönchsgelübde in ungefähr folgenden Worten: »Wer befreit uns von unserem gottlosen Gewissen, das gegen sich selber sündigt? Unsere eigene Natur kann es nicht. Wieviel gute Werke du auch hast, und wenn du auch dein Blut vergießen wolltest – dein Gewissen wird immer zittern und sprechen: Wer weiß, ob das alles Gott gefällt! Wahr ist das Wort jenes Weisen: die Gedanken der Menschen sind voller Angst, und ihre Urteile sind unsicher. Von Christus wissen wir aber durch sein eigenes Wort, daß er unser Priester geworden ist; daß er uns gegeben ist; daß er sein Blut für uns vergossen hat; daß er unsere Sünden getragen hat; daß er uns zu den Seinigen zählt. Das ist die Nachricht, die unser Herz fröhlich macht, das Gewissen aufrichtet, so daß wir sagen können: wenn Christus für mich ist und mein ist, wer könnte gegen mich sein.«

Wie weit diese eroberte Erkenntnis auch ein Stück »Staatsstreich von oben« werden kann, wie Ernst Bloch es formuliert hat, »ein jede Mitwirkung, jeden Synergismus der Menschheit zerschmetternder Ausbruch der Gottesdespotie«, darüber ist bei der weiteren Geschichte Luthers und des Luthertums Auskunft zu holen.

12. Frömmigkeit

Mit versehrtem Glauben leben

Je mehr jemand fähig ist,
die Zerstörung des Menschen wahrzunehmen,
sie zu beklagen
und gegen sie zu kämpfen;
je mehr jemand sieht, daß wir weniger
an Würde haben, als wir brauchen und als uns zusteht,
desto mehr kann er genötigt werden,
einer Sprache Glauben zu schenken und sie zu benutzen,
die ein Versprechen an den geschändeten Menschen ist.

Eine Frage stellt sich mir am Ende: Tue ich mit der Beschwörung der christlichen Tradition und ihrer Instrumente etwas anderes, als einen Toten bei seinem Namen zu rufen und zu hoffen, daß er durch die lauten Rufe wieder lebendig wird? Kann der von Zweifeln angetastete und versehrte Mensch sich noch einmal einbinden in ein Allgemeines? Kann er sich vertreten lassen in seiner Erkenntnis und in seinem Mut? Kann man zu einer Sache zurückkehren, an der man schon gezweifelt hat? Sind nicht tragfähige und langfristige Lebenskonzepte an das Modell »Dorf« gebunden?

Das alte Dorf war eine zusammenhängende Lebensgruppe. Es hatte ausgeprägte und dauerhafte Lebensentwürfe. Diese hatten ihre aussagbaren Sätze. Aber noch ausdrücklicher wurden sie dargestellt und gespielt in Riten und Gesten. Es waren nicht Konzeptionen von einzelnen. Sie wurden von einer ganzen Gruppe geteilt. Aus diesen Konzeptionen hatte sich eine Lehre von den Beziehungen entwickelt, die die Konzeptionen selbst wieder verstärkten. Die Lehre von den Beziehungen hatte ihre Mitte in der Lehre von Sexualität und Autorität. Sie durfte am wenigsten angezweifelt werden, und ihre Übertretungen wurden am schärfsten geahndet. Die eigentliche Sünde im Dorf war die Bezweiflung des Ganzen. Da alles zusammenhing, konnte auch ein einzelnes nicht bezweifelt werden: ein Glaubenssatz, eine Lebensäußerung, ein Ritual, ein Verhaltenssatz. Die Übertretung der einzelnen Handlungsanweisung oder die Verletzung einer einzelnen Geste war einkalkuliert. Für die Übertretung gab es Instrumente der Buße und der Wiedereingliederung. Die Übertretungen stellten das Ganze nicht in Frage, soweit sie nicht massenhaft und systematisch geschahen. Verboten war der Zweifel, vor allem aber der anderen mitgeteilte, der öffentliche Zweifel. Nicht der Übertreter, sondern der Bezweifler war der Feind des Kollektivs. Der Zweifler brach aus aus dem Allgemeinen. In meiner Jugend, die eine Jugend im Dorf war, sagte man manchmal von einem Menschen: »Er sieht nicht, er hört nicht, er läuft keiner Herde nach!« Mit diesem Satz wurde keineswegs die Freiheit und die

Unabhängigkeit dieses Menschen gelobt. Der Satz war vielmehr eine schlimme Verurteilung: Dieser Mensch sieht und hört nicht, was das Ganze verlangt. Wie richtig oder falsch das Verlangen des Ganzen war, stand nicht zur Debatte. Er richtet sich weder in seinem Urteil noch in seinem Verhalten nach dem, was das Kollektiv vorschreibt. Vielleicht war der stumme Gehorsam dem Ganzen gegenüber einmal eine produktive Erwartung in einer Zeit, in der die Umwelt des Menschen so feindlich war, daß er nur überleben konnte in der Geschlossenheit der Herde, so wie ein einzelnes Tier verloren ist, wenn es seine Herde verliert.

Der Vorteil des Dorfes war, daß es Bergung, Wärme und Schutz in der Herde versprach. Die Nachteile sind ersichtlich: Freiheit und Pluralität sind nicht möglich. Dies kann kein Lebensmodell mehr sein, nicht nur weil der einzelne in ihm nicht Subjekt sein darf und sein Denken und Handeln ständig der Verknechtung des Ganzen unterworfen ist. Das Dorf war nicht nur disziplinierend nach innen, es war vor allem auch kriegerisch nach außen. Die Umwelt konnte nur als feindlich und bedrohlich wahrgenommen werden. In die Welt zu gehen war nicht nur mit Gefahren für Leib und Leben verbunden, die »Seele«, das sich aus dem Kollektiv ableitende Selbstverständnis, war bedroht. Darum war das Dorf immer mit einer Mauer gegen die Umwelt versehen. Eine solche Mauer war zum Beispiel der Dialekt, der vielfach von Dorf zu Dorf wechselte oder doch in jedem einzelnen Dorf eine eigene Färbung hatte. Das Ausland – und Ausland war alles, was nicht eigenes Dorf war – verweigerte das innere und äußere Lebensrecht. Gegen die Ideen und Lebensweisen des Auslands mußte man kämpfen. Sie waren falsch und zersetzend, weil sie nicht die eigenen waren.

Eine Rückkehr kann und darf es nicht geben. Wir haben einen Weg der Befreiung hinter uns und sind Kinder der Aufklärung. Wir können uns nicht selber blenden und in die alten Sicherheiten unter Aufopferung unseres Bewußtseins, unserer Mündigkeit und unserer Freiheit zurückkehren, so schwer sie auch zu ertragen sind. Einer der

Sätze, die wir nicht mehr verlassen können, ist die Bestimmung der Aufklärung durch Kant: »Aufklärung ist der Ausgang des Menschen aus seiner selbstverschuldeten Unmündigkeit. Unmündigkeit ist das Unvermögen, sich seines Verstandes ohne Leitung eines anderen zu bedienen. Selbstverschuldet ist diese Unmündigkeit, wenn die Ursache derselben nicht am Mangel des Verstandes, sondern der Entschließung und des Mutes liegt, sich seiner ohne Leitung eines anderen zu bedienen.«

Unsere Frage darf also nicht heißen: Kann man noch einmal zurück? Wir können nicht hinter die Geschichte unserer Freiheit zurück. Außerdem glaube ich nicht, daß Rückkehr eine ernsthafte Kategorie des Glaubens ist, obwohl in der Bibel oft genug davon gesprochen wird. Rückkehr und Restauration waren auf die Dauer öfter mit Enttäuschung und Glaubensverrat verbunden als mit Glauben. »Gedenket nicht mehr der früheren Dinge, und des Vergangenen achtet nicht. Siehe, nun schaffe ich Neues« (Jesaja 43,18–19).

Meine Frage ist: Kann man des Alten gedenken, sich von seinen Stärken, die es ja auch hatte, nähren, sich von seinen Bildern ermutigen lassen, die eigenen Lebensentwürfe an ihm schärfen, ohne seinem Bann zu verfallen und ohne die Freiheit des Denkens und den Mut des Entschlusses aufzugeben? Mit den Bildern einer kleinen Skizze möchte ich die Frage noch einmal verdeutlichen:

Er war geflohen. Die Stadt war ihm unerträglich. Die Stadt, in der er seiner dilettantischen Arbeit nachging; die Stadt, in der er mit Menschen lebte, denen er nichts mehr versprechen konnte.

Keine großen Formeln: nicht, daß er das Leben für sinnlos hielt – das wäre zu viel, zu dramatisch und auch nicht wahr. Sicher, viel konnte er ihm nicht mehr abgewinnen. Er behauptete sein Recht, auf den Tod zu warten. Er wollte keinen neuen Versuch mehr machen. Er wollte sich auch selbst nichts mehr versprechen lassen. Ja, am meisten fürchtete er die Hoffnung. Er behauptete sein Recht, auf die Hoffnung zu verzichten, zumindest auf die Hoffnung für sich selbst. Nein, er war nicht lebensfeindlich. Er konnte noch freudig registrieren, wo seinen Freunden das Leben gelang – immer mit der Angst um sie, daß sie sich am Ende doch als Betrogene entdecken würden; mit der Angst um sie, sie könnten ihren Glauben verlieren. Nein, selber konnte er kaum noch glauben. Gar nicht glauben, das wäre zu dramatisch – eben: kaum noch glauben. Er konnte sich, wenn er fror, am Feuer der anderen wärmen. Wenn er sah, wie sich zwei Menschen küßten, wärmte ihn das. Wenn er hörte, daß eine seiner Bekannten ein Kind erwartete, konnte er sich ungebührlich freuen, so als hinge sein Leben davon ab, daß andere leben konnten, als hinge sein Mut davon ab, daß andere mutig waren. Stellvertretung nannte er das manchmal. Er war alt geworden. Er tanzte nicht mehr, aber sein Herz schlug schneller, wenn er seine Freunde tanzen sah.

Er war geflohen, und auf seiner Flucht kam er in eine süddeutsche Stadt, die er schon lange liebte. Vielleicht war er noch nicht ganz gestorben, daß er noch fliehen konnte. Allerdings wußte er nicht, was er von dieser Flucht erwartete. Er kam in die Stadt mit ihrem Münster. »Eine der bedeutendsten europäischen Turmkonstruktionen«, las er im Reiseführer. Das Münster und sein Turm interessierten ihn eigentlich nicht. Der Turm war ihm zu anmaßend, zu herrisch. Die Unbescheidenheit seiner Konstruktion setzte sich zu sehr darüber hinweg, was möglich war. Daß Stein so leicht war und in den Himmel schoß, schien ihm fast wider die Natur.

An einem frühen Morgen – er schlief in dieser Stadt wenig – ging er ins Münster zur Messe. Der Raum war kühl, und er fror ein wenig. Er kam zu spät, und der Religionsbeamte hatte sein eiliges Geschäft schon begonnen. Er zählte 32 Männer und Frauen. Die meisten von ihnen waren alt. Dann waren andere da – mit flachen Gesichtern. Beschädigte oder Kranke, dachte er. Und vier oder fünf waren wie er: Leute mit hungrigen Gesichtern. Leute, die früh am Morgen und in dieser Kirche etwas suchten und nicht wußten, was. Leute mit halber Trauer, halber Resignation und mit halber Erwartung. Man erkannte sie daran, daß sie immer etwas zögernder knieten, etwas später aufstanden und sich etwas linkischer und ernsthafter bekreuzigten als die anderen, so als würden sie mehr davon erwarten. Er setzte sich in eine Bank gleich hinten beim Ausgang. Er wollte sich einen Weg offenhalten. Dann fing er an sich zu vergessen. Er kniete nieder wie die mit den flachen Gesichtern. »Herr, ich bin nicht würdig«, betete er mit den Alten. »Und mit deinem Geiste«, antwortete er dem Religionsbeamten. Er ging zur Kommunion und ließ sich die Oblate auf die Zunge legen wie die anderen. Wie die anderen wollte er sein. Er vergaß, daß er gelernt hatte, sich zu distanzieren. Er wollte dabeisein, er wollte dazugehören. Er wollte sich einfügen in die Sprache und in die Geste der vielen. Einfach nichts Besonderes sein wollen, dachte er. Einfach nicht aufgeklärter und feiner sein wollen als die Alten und Flachgesichter. Nach der Messe ging er zu einer Madonnenstatue im Seitenschiff und zündete eine Kerze an. Seit langem tat er wieder etwas, ohne darüber nachzudenken, was er tat, fast ohne Selbstkontrolle. Es war, als hätten ihm die Gesten und Zeichen der Alten die Mühe des Glaubens und der Hoffnung abgenommen. Die kleine Hostie, das Weihwasser, das Knien, das Kreuzzeichen waren ihm wie Brot, das ihm die Toten aus ihren Leiden, aus ihren Wünschen, aus ihren Niederlagen und aus ihren Siegen gebacken hatten. Er war nicht mehr allein, er war sich selbst abgenommen. Er konnte sich einfügen.

Früher hatte er oft seine Katze beobachtet, wie sie sich wohl fühlte an einem begrenzten Ort: auf einer Zeitung, auf einem Blatt Papier. Das ist mein Ort, dachte er: die Zeichen, die Gesten, die Sprache der vielen, die Sprache der Toten. Dort bin ich nicht allein mit meinen Hoffnungen, mit meinen Schmerzen und mit meinen Niederlagen. Er hatte etwas gefunden, was über ihn hinausgriff, einen Zusammenhang, der größer war als alle Zusammenhänge, die er selber herstellen konnte.

Ihm fiel die Geschichte eines jüdischen Freundes ein, die er vor ein paar Jahren ohne Verständnis gehört hatte. Der Freund stammte aus einem aufgeklärten Elternhaus in

Prag. Als Zwölfjähriger kam er ins KZ nach Auschwitz. Er überlebte. Später wurde er Historiker und lehrte Geschichte an der Universität in Jerusalem. Eines Tages wurde er fromm. Er fing an, koscher zu essen. Er fuhr am Sabbat nicht mehr Auto. Er legte Gebetsriemen an und betete. Er war nicht ohne Humor seiner eigenen Frömmigkeit gegenüber. Aber er war einfach fromm geworden. Am wenigsten Verständnis zeigten seine aufgeklärten christlichen Freunde. Ihre Fortschrittlichkeit war ihnen noch ein zu neues Spielzeug, als daß sie es schon aus der Hand legen wollten. Der Jude verteidigte sich kaum. Er antwortete ihnen nur: »Wer bin ich, daß ich mir anmaßen könnte, mich über die Sprache der Toten zu erheben!«

Die Gestalt in dieser Skizze bleibt im Zwielicht, es ist das Licht, in dem auch wir leben. Was erwartet dieser Mensch, der sich offensichtlich selbst nicht mehr tragen und aushalten kann? »Er konnte sich am Feuer der anderen wärmen... er vergaß die Distanz... er vergaß die Unterscheidung... er vergaß den Wunsch nach Besonderheit... er wollte sich einfügen... er wollte sich selbst abgenommen sein.« Wir sehen diesen Menschen an einer Stelle stehen und wir wissen noch nicht, wohin er gehen wird. Die Schmerzen seiner Einsamkeit, seiner Sinnlosigkeit und seiner Haltlosigkeit verstehen wir. Seine Sehnsucht ist ernst. Aber wohin wird sie ihn treiben? Wird er zurückgehen und seine Freiheit verlieren? Wird er seine Sehnsucht stillen, indem er wieder in Reih und Glied marschiert? Wird er sich einem Führer unterwerfen oder einer rigiden Weltanschauung, wenn er schon kein Dorf mehr findet?

Der Mann kann seinem Leben aber auch eine andere Richtung geben als die regressive. Er hat Freiheit, Denken und Spielen geerbt. Für ihn gibt es keine animalische Bergung in der Herde mehr. Ihm war es möglich, sich zu trennen. Und darum kann er freiwillig zurückkehren. Er kann sich als freier und würdiger Mensch zu seinen eigenen Traditionen, zu ihren Bildern, zu ihren Ermutigungen, zu ihren Gesten verhalten. Er vermag auch, ihre

Korruptionen zu sehen und in der eigenen Geschichte Unterscheidungen zu treffen. Völlig wird er sich kaum noch identifizieren können mit der Sprache, mit den Bildern, mit den Traditionen seiner Gruppe. Dazu hat ihn der Zweifel zu sehr versehrt. Er wird immer ein wenig Spieler sein und darum ein bestimmtes Maß an Einsamkeit nicht loswerden. Er muß für seine Erwachsenheit, das heißt für seine Freiheit, seine Denk- und Spielfähigkeit bezahlen.

Wie befreit sich ein Mensch aus seiner subjektiven Beliebigkeit, aus seiner Ziellosigkeit und aus seiner haltlosen Schwermut? Wie bringt ein Mensch sich in Übereinstimmung mit ihn übergreifenden Bildern der Hoffnung? Dazu muß er durch etwas genötigt werden. In unserer Skizze scheint es, daß der Mann genötigt wird durch seine persönliche Trauer, durch seine Unfähigkeit, das Leben auszuhalten. Aber die im persönlichen Leben erfahrene Sinnlosigkeit führt nur selten in die neue Übereinstimmung mit den großen Bildern. Meistens führt sie, vor allem bei Menschen, denen es materiell gutgeht, zu einem weichen »Sinnbedürfnis«, zu einer eher elegisch-sehnsuchtsvollen Beschäftigung mit den großen Entwürfen des Lebens; vielleicht wie bei einem Erwachsenen, der sein altes Kinderspielzeug noch einmal hervorkramt und sich wehmütig behüteter Zeiten erinnert.

Das Evangelium ist keine Antwort auf ein unbestimmtes Sinnbedürfnis. Das Evangelium ist Vergebung, Trost, Heilung, Aufruhr, Kampf für die Würde aller Menschen und gegen ihre Zerstörung, Sturz von Herrschaft, Versprechung und Brot für die Armen. Die Sprache und die Bilder des Evangeliums sind nicht als allgemeine Sinn-Bilder zu haben. Diese Bilder sind mit einer Sache verbunden: mit der Erhebung des erniedrigten Menschen. Zum Glauben kommen heißt verwickelt werden in die Sache des geschändeten Menschen. Gott ist kein Gott im allgemeinen, sondern ein Gott der Armen. Um sich mit den übergreifenden Bildern der Hoffnung zu verbinden, dazu muß eine Nötigung vorhanden sein. Diese Nötigung ist die in den Bildern gemeinte Sache. Je mehr jemand fähig ist, die Zerstörung des Menschen wahrzunehmen, sie zu beklagen und gegen sie zu kämpfen, je mehr jemand sieht, daß wir weniger an Würde haben, als wir brauchen und als uns zusteht, desto mehr kann er genötigt werden, einer Sprache Glauben zu schenken und sie zu benutzen, die ein Versprechen an den geschändeten Menschen ist. Wer nichts braucht, wird nichts erwarten. Wer viel braucht, wird viel erwarten und mit lauter Stimme die Einlösung seiner Erwartungen verlangen: Er wird beten. »Not lehrt beten« heißt ein vom Volk zitiertes und von den Theologen verachtetes Sprichwort. Die übergroße Not kann auch stumm, dumpf und sprachlos machen. Aber sie kann den Menschen auch erfinderisch in der Sprache machen. Sie kann ihn veranlassen, auf die Versprechungen zu setzen, die den Genötigten gemacht sind, weil er mit keinem kleinen Ausweg zufrieden ist.

Ein Freund von mir, der aus einem liberalen und kirchenfernen Elternhaus kommt und jetzt als Arzt in einem Land der Dritten Welt arbeitet, sagte von sich folgendes: »Ich war Atheist, aber als Humanist kannte ich die christliche Tradition. Ich kannte die Evangelien, ich kannte die Psalmen und schätzte sie als literarische Dokumente. Ich las sie gern. In theologische Fragen vertiefte ich mich mit einem gewissen spielerischen Vergnügen. Ich durchschaute die Metaphern der christlichen Tradition, und ich wußte, daß es Metaphern waren. Seit ich in diesem Land bin, umgeben von Hunger, Krankheit und Folter, ist es anders. Ich habe keine Konversion durchgemacht. Ob ich Christ bin – wer weiß! Die Psalmen und die Bergpredigt und die Propheten lese ich immer öfter, jetzt nicht mehr aus Bildungsinteresse und mit ästhetischem Vergnügen. *Ich vergesse immer mehr, daß es Metaphern sind.* Ich trete hinter diese Sprache immer weniger betrachtend zurück. Ich lebe in ihr und spreche sie. Ob ich Christ bin oder Atheist, das mögen andere beurteilen. Ob ich an Gott glaube oder nicht, weiß ich nicht. Ich habe keine Zeit, darüber nachzudenken. Den Satz aus dem Magnificat ›Hungrige füllt er mit Gütern und Reiche schickt er leer weg‹ spreche ich, ohne daß ich mir Rechenschaft darüber gebe, wo er wahr wird, und ohne daß ich mich selbst als Sprecher betrachte. Ich kann mich immer weniger ästhetisch verhalten.«

Wir leben in einer Zeit, in der die Metaphern immer blasser werden und die Sprache immer rationalistischer wird. Wir glauben, den Inhalt eines Symbols ohne dieses selbst haben zu können. Das liegt nicht nur an unserer größeren Aufgeklärtheit. Stärker liegt es vielleicht an unserer Leidenschaftslosigkeit. Die Liebe und das Leiden sind die Mütter der Bilder. Das Leiden kommt am wenigsten mit der Sprache der Deskription aus, weil die Deskription nur die sprachliche Wiederholung des Unglücks ist. Die Leidenden aber wollen Veränderung und die Abschaffung ihrer Leiden. Darum brauchen sie die Geschichten des Trostes und die unglaublichen Nachrichten vom gelingenden Leben. Wer leidet oder sich der Sache der Leidenden verbindet wie jener Arzt, der sich selbst nicht mehr durchschauen wollte, der braucht einen Vorstoß der Sprache bis ins Land des Glücks und der abgewischten Tränen.

Uwe Birnstein
Neuer Geist in alter Kirche?
Die charismatische Bewegung in der Offensive
200 Seiten, kartoniert

Die charismatische Bewegung befindet sich weltweit in der Offensive, sie stößt auf immer größere Resonanz, und die Zahl ihrer Anhänger nimmt beständig zu. Dieses erste Buch über die charismatische Bewegung wirft ein kritisches Licht auf diese Form des Glaubenslebens. Vorbildlich recherchiert, klar und nüchtern, auch engagiert zeigt der Autor Ursprünge, Selbstverständnis und Tendenzen der »Geistlichen Gemeinde-Erneuerung« auf. So ist ein Buch entstanden, das die kirchliche und gesellschaftliche Öffentlichkeit zur Auseinandersetzung und Stellungnahme herausfordert.

Hans-Eckehard Bahr
Alleinsein
Ich höre auf das Leise
96 Seiten, gebunden

Hans-Eckehard Bahr schreibt über die Leere und Lust des Alleinseins, über Gemeinschaftswünsche, über verläßliche Beziehungen, über Liebe und Lebensmut. Er plädiert für befreiende Selbsterfahrungen im Alleinsein, die gerade heute, in einer Zeit drohender Weltzerstörung, von besonderer Bedeutung sein können. Nur wer für sich selber einsamkeitsfähig geworden ist, ist auch friedensfähig für andere. Wer Lust zum eigenen Leben hat, ist auch imstande, Widerstand aufzubringen gegen die Banalität und gegen die Verkrümmung des Lebens draußen. Das Buch eröffnet dem Alleinsein die Dimension gelingenden Lebens.

Kreuz Verlag

Dorothee Sölle
Das Fenster der Verwundbarkeit
Theologisch-politische Texte
347 Seiten, kartoniert

Dieses Buch dokumentiert das politisch-theologische Engagement einer der bekanntesten Theologinnen unserer Zeit: Hinreise und Rückreise, religiöse Erfahrung und politisches Engagement sind Bilder und Begriffe, welche die Autorin immer zusammenzudenken versucht. Der Band enthält Aufsätze, Traktate, Stellungnahmen, Reden, Vorträge und Bibelauslegungen, persönliche Auseinandersetzungen mit der eigenen Biographie und mit den Herausforderungen der Zeit. Das vergangene Jahrzehnt spiegelt sich in vielfältigen Facetten in diesem Buch, das weniger eine Bilanz ziehen als vielmehr in Auseinandersetzungen eingreifen will. Es ist ein mutiges Buch, mit leisen und unüberhörbaren Tönen.

Dorothee Sölle
Die Hinreise
Zur religiösen Erfahrung – Texte und Überlegungen
190 Seiten, kartoniert

»Dorothee Sölles Buch ist ein Plädoyer für eine frömmere Welt. Der Mut, mit dem sie ihr religiöses Angebot präsentiert, kann ihr nicht hoch genug angerechnet werden. Selbst wenn sie Begriffe wie den der Identität und der Totalität, der Kreativität und der Erfahrung, die fast nur noch als Schlagworte existieren, aufgreift, kommt ihr das Verdienst zu, der Theologie jene sinnlich-praktische Dimension zurückgegeben zu haben, von der andere bisher nur geschwärmt haben.«
Neue Zürcher Zeitung

»Dies ist ein überraschendes Buch, bunt, wo die Autorin in die Märchenwelt eintaucht, fast streng, wo sie von meditativer Übung redet.« *Deutsches Allgemeines Sonntagsblatt*

Kreuz Verlag